DE
LVPODVNO

**Rhein-Neckar-Kreis
Bausteine zur Kreisgeschichte**

Herausgegeben vom Kreisarchiv und
dem Referat für Öffentlichkeitsarbeit
durch Jörg Kreutz und Berno Müller

Baustein 3

1998
Eigenverlag Rhein-Neckar-Kreis
Heidelberg

Marquard Freher
DE LVPODVNO

Die erste Beschreibung des alten Ladenburg von 1618

Lateinisch-Deutsch

Übertragen und erläutert von Hermann Wiegand

Herausgegeben vom Kreisarchiv und dem Referat für Öffentlichkeitsarbeit
in Verbindung mit dem Stadtarchiv Ladenburg

1998
Eigenverlag Rhein-Neckar-Kreis
Heidelberg

Die Deutsche Bibliothek - CIP-Einheitsaufnahme

Freher, Marquard:
De Lupoduno : lateinisch/deutsch = Die erste Beschreibung des alten Ladenburg von 1618 / Marquard Freher. Übertr. und erl. von Hermann Wiegand. Hrsg. vom Kreisarchiv und dem Referat für Öffentlichkeitsarbeit in Verbindung mit dem Stadtarchiv Ladenburg. - Heidelberg : Rhein-Neckar-Kreis, 1998
   (Bausteine zur Kreisgeschichte / Rhein-Neckar-Kreis ; Baustein 3)
   ISBN 3-932102-02-9

Für den Nachdruck der Ausgabe „DE LVPODVNO" von 1618 stellte freundlicherweise die Universitätsbibliothek Heidelberg ein Exemplar zur Verfügung.

Impressum:

Schriftleitung und Redaktion: Jörg Kreutz und Berno Müller
Layout und Satzgestaltung: Susanne Uhrig
Druck: M+M Druck GmbH, Mannheim

© Eigenverlag Rhein-Neckar-Kreis, Heidelberg 1998
Alle Rechte vorbehalten

ISBN 3-932102-02-9

Inhaltsverzeichnis

Geleitwort 9

Nachdruck MARQUARD FREHER DE LVPODVNO (1618) 11

Übersetzung und Erläuterungen 55

MARQUARD FREHER UND LVPODVNVM -
Ein Humanist als Anwalt des antiken Ladenburg 93

Editorischer Nachbericht 123

Nachwort der Herausgeber 125

Über den Bearbeiter 128

Gemeinsames Geleitwort von Bürgermeister Rolf Reble und Landrat Dr. Jürgen Schütz

DAS GESCHRIEBENE WORT BLEIBT

1900 Jahre Ladenburg - eine Stadt feiert Geburtstag. Die vielen Veranstaltungen, die schönen Feste, an all das werden sich die Bürgerinnen und Bürger Ladenburgs und seiner Umgebung noch lange erinnern. Doch auch Erinnerungen verblassen irgendwann. Das war früher nicht anders als heute.

Doch manches bleibt bewahrt, in den Köpfen der Menschen, in Schriften oder in Zeugnissen der Baugeschichte. Daß Ladenburg aber nicht erst seit der Karolingerzeit eine bedeutende Stadt, politischer, kultureller und wirtschaftlicher Mittelpunkt einer Region war, sondern sich tatsächlich nicht nur als älteste Stadt des Rhein-Neckar-Kreises, sondern als älteste deutsche Stadt östlich des Rheins fühlen kann, ist ein Verdienst der Forschungen des in kurfürstlichen Diensten stehenden Humanisten Marquard Freher. Mit intensiven Forschungen, breiten Quellenstudien und dank scharfsinniger Schlüsse war es ihm gelungen, den im spätantiken Gedicht „Mosella" erstmals vollständig erwähnten Ort Lupodunum mit dem heutigen Ladenburg zu identifizieren.

Von Marquard Frehers Werk, in lateinischer Sprache geschrieben, sind heute nur noch wenige Exemplare in der Vatikanischen Bibliothek in Rom, in der Bayerischen Staatsbibliothek München und in der Universitätsbibliothek Heidelberg sowie in Privatbesitz erhalten. Allein, eine deutsche Übersetzung dieses wichtigen Quellenwerkes fehlte bisher. Wir freuen uns sehr, daß das Stadtarchiv Ladenburg und das Kreisarchiv des Rhein-Neckar-Kreises zur 1900-Jahr-Feier Ladenburgs das Werk „De Lupoduno" nun in einer lateinisch-deutschen Ausgabe vorlegen können.

Besonders herzlich danken wir dem Autor Dr. Hermann Wiegand für seine ausgezeichnete Arbeit. Jeder, der sie in die Hand nimmt, wird sie mit großem Gewinn lesen und sie beweist einmal mehr: Was bleibt, sind die Bücher!

Wer „De Lupoduno" zur Hand nimmt, verspürt etwas von dem Glück, das von einem guten Buch ausgehen kann. Im Glanz der Phantasie beginnt eine 1900jährige Vergangenheit zu leuchten, sie weist auf die lebendige Gegenwart hin, gibt uns aus der Tradition den Mut, das Morgen zu gestalten. Bücher stehen als Zeichen für Kultur, eine Stadtkultur, die in Ladenburg über fast zwei Jahrtausende bewahrt wurde von Menschen, deren Energie diese Stadt immer jung und voller Leben erhalten hat. Die Ladenburger Geschichte, deren Beschreibung mit „De Lupoduno" begann, ist noch lange nicht zu Ende.

Rolf Reble
Bürgermeister

Dr. Jürgen Schütz
Landrat

DE LVPODVNO ANTIQVISSIMO ALEMANIÆ OPPIDO COMMENTARIOLVS.

MARQVARDO FREHERO
P. M. Consiliario Archi-Palatino
et Curiæ Præsidis Vicario
Auctore.

AVSONIVS MOSELLA:
HOSTIB. EXACTIS NICRVM SVPER ET LVPODVNVM,
ET FONTEM LATIIS IGNOTVM ANNALIBVS ISTRI.

Cum Privilegio quindecenni S. ROM.
IMP. VICARII.

TYPIS GOTTHARDI VOEGELINI.

VRBIS INCLYTÆ
LADEBVRGI
CONSVLI, SENATVI,
IIIIVIRIS, ET CIVIBVS
RELIQVIS.

QVEM DE LVPODVNO *libellum Marquardus Freherus conscripserat, extrema quidem in elaborando stilo felicissima Auctoris manu, sed elegantia tamen publicam lucem merente non carebat. Argumentum item ipsum in adstruenda Vrbis huius Vestræ Antiquitate occupatum, cum præsertim carptores inuenisset, optare videbatur, vberiorem si quæ superesset deductionem publicè exstare, nec ferre modò poterat explicationem, insignis inter alia ad Argentuariam pugnæ & cepta ibi Victoriæ* GERMANICÆ *Gratiani, quâ* BARBARICVM *Romaniæ semper infestum & oppositum, Germanis tandem ereptum fuit, superatis non illis tantum cis Rhenum qui Gallias inuaserant Alemanis, sed omnino etiam vltra Rhenum habitantibus Francis & Sueuis: vt in has vsque Barbarorum proprias ad Nicrum (qui Sidonio Francum vluosâ vnda abluit) et Danubii, nullâ dum Romani Principis alicuius victoria tum cogniti, vnde in Annales Rom. referri mereretur, fontem (qui apud Ausonium mediis Sueuis effunditur) sedes, Victoria ea penetrauerit,*

HOSTIB. EXACTIS NICRVM SVPER ET LVPODVNVM,
ET FONTEM LATIIS IGNOTVM ANNALIBVS ISTRI.

Hîc à Romanis Barbari illi penitùs primùm ejecti, hîc bellum illud planè confectum & profligatum, hinc
HOSTIB. EDOMITIS, QVA FRANCIA MIXTA SVEVIS CERTAT AD OBSEQVIVM, LATIIS VT MILITET ARMIS.

Et ab hac Victoria primam Vrbis LADEBVRGI *inter scriptores celebritatem Freherus,* ἀτοπία, *ignorantia, & licentiâ Poeticâ circa hac, accuratos istos Ausonii versus liberans, satagit deriuare, sic tamen vt neminem eo diuinandi genere se æquiparare, aut (quod obiicitur) ingentibus & validissimis argumentis conjecturas suas æquiualere, modesto cùm quid è vetustatis penetralibus eruit gaudio contentus, nuspiam (quod meminerim) indicet.*

EN igitur Freheri integrum de LVPODVNO *Commentariolum, cum Monumentorum Francicorum, inter quæ primum Dagoberti Regis, testimoniis; sed eâ, quâ ipsum vt sic loquar multârunt fata, breuitate. Locupletiorem Appendix etiam de non longè hinc dissitis locis,* TRIBVRIA *Regiâ Francorum villâ, itemque* WINDOHEIM *forte non incertâ Windogasti inter Legis Salicæ conditores IIIIviri patriâ, titulus Manuscripti promittebat. Sed casus siue obitus Auctoris repentinus & hæc & alia posteris inuidisse, vel potius secundùm eruta ab ipso fundamenta in Antiquitatis vestigiis & ruderib. perscrutanda reliquisse videtur.*

NAM nec reliqua illæ perquam varia vices, quas fato rerum humanarum inclyta Vrbs Vestra subiit, Auctorem latuêre. Qui & in regno Francorum LOBODVNAM, *villam publicam, id est, regiam, indeque Regem & Rempublicam (quod quidem genus Imperiale mansit, hodieq;* die Richsstette *vocatur) semper agnouit: et è veteribus monumentis didicit, Ciuitatem hanc à Dagoberto, qui Regiam etiam proximè Wormatiam aulam suam (*NOVAMDOMVM Newhausen*) S. Dionysio consecrandam deuouerat, Amando Wormatiensi*
Archi-

Archipræsuli donatam; tum donationem istam à Pipino, Carolo & Ludouico Regibus, post transactionem Archiepiscopatus, Episcopis Erenberto & Samueli (cui quidem posteà Dn. Saluatoris & B. Virginis necnon S. Cyriaci Martyris honori illam hactenus S. Dionysii Ecclesiam transcribere & dedicare visum) fuisse confirmatam: à quorum successoribus longo post interuallo Comitibus primùm Spanheimensibus certo pacto oppigneratam, variamque inde perpessam sortem, & tandem Palatinis Rheni perpetuo jure pro parte venditam, in Archiuis obseruauit: nec parui vnquam æstimauit, Eghardi Episcopi, sub quo etiam Cleri Wormatiensis secessio in hanc vrbem facta, itemq́ Ioannis Dalburgii aliorumq́, ante & post ipsum Episcoporum residentiâ in hodiernum vsque diem, esse iterum nobilitatam. Vt dubium nullum sit, si Freherum luce hac diutius frui Summus omnium rerum Vitæq́ Arbiter voluisset, istum etiam De LVPODVNO Commentarium amplißima variarum Vrbis historiarum & encomiorum accessione proditurum fuisse longè prolixiorem. Nunc ea cuncta viuis & posteris, Germanicæ Antiquitatis studiosis, enucleanda restant, si quibus ingenii acie ad perlustrandas vetustatis latebras dotatis DEVS HÆC OTIA FECIT, vt nobilißimo pariter & reipubl. fructuosißimo huic studio cum laude poßint incumbere.

INTER quos profectò curam eam à nullis lubentius suscipi par aut fas est, quàm quorum vrbs hæc patria & domicilium, quorum ea parentes, auos, maiores, per tot retrò sæcula numerando, progenuit, genitos aluit, humoque tandem suâ iterum recepit & operuit, quorum etiam posteros iisdem beneficiis afficere & fouere nunquam (quod Vobiscum opto speroque) desinet: id est à Vestrûm liberorumue Vestrorum aliquo. Tametsi enim hoc tempore sub clementißimo vtriusq́ Superioris (Archipalatino videlicet & Episcopi Wormatiensis) Magistratus, qui Prætorem vobis domi, forisq́ partim

Præfectos dat, imperio regamini et floreatis; vt huius potius propria quàm vestra vrbs esse, adeoq̄ si quis in Antiquitate locis honos est, eo Dominus magis quàm subditus gaudere videatur: reuera tamen, quemadmodum suam cuiusuis ætatem nosse, prærogatiuâ inprimis eius frui cupientis, sua omnium maximè interest; ita etiam ad vos qui Vrbem hanc constituitis Ciues præcipuè pertinet illa laus, qua antiquissimum hoc Alemanniæ oppidum, cuius quidem nomen certum sit et liquidò constet, sub Romanis LVPODVNI, sub Francis LOBODVNÆ CIVITATIS & CASTRI, sub maioribus Vestris (vtroque Vrbis Sigillo, Paruo & Maiori, id etiamnum attestante) LOPDEMBVRGI & LOBDENBVRGI, tandemq̄ sub Vobis atauisue Vestris LADEBVRGI nomine, jam olim atque inde in hodiernum vsque diem semper claruit.

QVÆ certè ipsa consideratio me permouit, vt Commentariolum hunc, qui ex professo Antiquitatem Vrbis Vestræ aperit & demonstrat, posteaquam tota eius publicatio meo vnius labori & sumtibus commissa esset, VESTRO potissimum nomini juxta receptum dedicandi morem consecrarem. Quem Commentariolum, non ab Argumento solùm, sed ab Auctore etiam, tanta inter Magnates & literatos existimationis viro, carum semper gratumque, atque adeò gloriosum, Vobis & posteris vestris futurum, Vestro posterorumque vestrorum officio, non à carie tantum sed ab aliorum etiam opprobriis inposterum vindicandum, fidelissimo animo simul commendo.

AN. M. DC. XVIII.

GOTTHARDVS VOEGELINVS.

ΡΙΧΑΡΔΟΣ Ο' ΕΜΕΛΙΟΣ

εἰς τ8τὶ

ΜΑΡΚΟΥΑΡΔΟΥ ΤΟΥ͂ ΦΡΕΗ΄ΡΟΥ,

ἱϛορικὸν διηγημάτιον.

Ὦ πόλις ἱμερόεσα περικλυτὴ Λοβοδύνη
    Πὰρ Νίκρυ βαθέ⊙ περὶ νάοντα ῥόον,
Πολλά σε δὴ προτέροισι χρόνοις περίβωτον ἔθηκαν
    ἔργα παλαιγενέων κυδαλίμων τε βροτῶν·
Σὲ πρῶτι ναετῆρες ἐδωμήσαντ' Ἀλεμαννοὶ
    Πήξαντες πύργυς, τείχεα, ἠδὲ πύλας.
Εἶτά σε Ῥωμαῖοι κόσμυ ποτὲ σκῆπτρα φέροντες
    Οὐ βαχὺν, ἀλλὰ χρόνον μακρὸν ἑλόντες ἔχον·
Ὑϛάτοι Φράγκοι δολιχεγχέες ἐξαλάπαξαν,
    (Οἶάτε πὰρ Ῥήνυ ἄϛεα πλεῖϛα ῥοαῖς)
Νῦν δὲ Παλατινός σε ἀπαὶ κείνοιο χρόνοιο
    Ἐπανδρ⊙ νέμεται ἡγεμονεὺς ὁ πάνυ·
Χαῖρε φίλη καὶ πλεῖϛον ἀγάλλεο, ὅτι Φρεῆρ⊙
    Σὸν κλε⊙ ἐξ ὀρφνης ἤγε φόωσδε πάλιν,
Ξυγγραφέων ὅχ' ἄρισ⊙ ἐν ἀνδράσι Τευτνίδαισιν,
    Ἄξι⊙ ὧν ϛεφάνυ χρυσοδέτοιο τυχεῖν.

VERSIO ἔμμετρ⊙.

O Vrbs insigni famâ celebris LOBODVNA
    Quæ sita es ad Nicri lene fluentis aquas,
Prisco quippe tuas cecinerunt tempore laudes
    Plurima clarorum fortia gesta virûm.
Fundamenta tibi ponens Alemannus adauxit
    Turribus, & portis, mœnibus atque novis:
Romani post te, mundi qui sceptra tenebant,
    Cepere, atque domos incoluére tuas:
Romanis tandem extorsit te Francica pubes
    (Oppida ceu Rheni plurima) Marte potens:
Teque Palatinus Princeps iam tempore ab illo
    Elector facili protegit imperio:
Salve chara mihi, & multùm lætare, Freherus
    In lucem è tenebris quòd tua facta dedit,
Historicus certè ante alios celeberrimus omnes,
    Ornatas auro dignus habere comas.

Ad LOBODVNVM, Patriam.
Scazon.

SI gratia eßet aut honos lyrae nostrae,
LOBODVNA, dulcis patria, cor tui tractûs;
Non paterer ego jacere te loco obscuro:
Sed mecum ad astra lucida usque vectarem
Versu canoro, splendido, atque limato.
Nunc (conscia es mihi ipsa) nil queo prorsus
Sonare, tersis quod sit auribus gratum:
Sed vile, ineptum, languidumque & insulsum,
Plenumque ruris inficetiarumque
Disperdo carmen, quo modo poetaster,
Aridus, ineptus, perperus poetaster
Ferire apertas aurium solet caulas.
Nunquam tamen, nunquam hercle abibis indicta.
Nam te FREHERVS, ille temporis prisci
Catus æstimator alite evehit curru
Famæ perennis: cui parum est, tuum nomen,
Quod horridâ jacebat obrutum nube,
Veterum è tabellis vindicaße sollerter,
Ni denuo, ceu Phœbus alter exortus,
Te clariori lumine undique illustret.
Ergo creatrix mea, mea ô parens salve,
Et fronte pronâ vindicem tuum agnosce,
Qui te novo modo ornat, auget ornatam.

Anno CHRISTI MDCV.

THEODORVS RHODIVS, P. L.

DE LVPODVNO ANTIQVISSIMO ALEMANIÆ OPPIDO, COMMENTARIOLVS.

RHENVS fluuiorum pater, Romani Imperii ad Septentrionem vnà cum Danubio limes, Germaniæ contra illos Orbis totius prædones murus & propugnaculum fuit: et siniſtra tantum eius ripa Romana. Non Cæsar peruincere potuit. Momentanea fuit Drusi victoria, de qua Florus IV. cap. vlt. *Victor namque Drusus per Rheni quidem ripam L. amplius castella direxit. Breue gaudium* (vt subiicit) *et post cladem Vari, Imperium in ripa Rheni fluminis stetit.* Posteà optabant semper, et conabantur, vtramq; sibi ripam subiicere: et Poëtæ per adulationem hoc eis ominabantur. Martialis lib. x. *Nympharum pater amniumque, Rhene,*
Quicunq, Odrysias bibunt pruinas,
Sic semper liquidis fruaris vndis;
Nec te barbara contumeliosi
Calcatum rota conterat bubulci;
Sic et cornibus aureus receptis
Et Romanus eas vtrâq, ripâ;
Traianum populis suis & Vrbi
(Tibris te Dominus rogat) remittas.

De Lvpodvno

Collimitia subinde irrumpebat Germania, apud Amm. Marcellinum.

At vltra Rhenum, vtut sæpè transgredi conati, totiesque repulsi, signa sua figere non illis contigit: (Vt rectè non tantum Ortelius doctissimus Geographorum in sua tabula antiquæ Germaniæ & Imperii Romani, spacium vltra Rhenum vacuum reliquerit, sed etiam tabula illa cuiusuis pretii Peutingeriana, ascriptis è regione

Francia Sueuia Alemania et Sarmatia):
non certè ad Nicrum, qui Germaniæ aut Alemaniæ proprius amnis & barbarus diu mansit; Romanis autem ita ignotus, vt & Mœni, vt nec eius

Vide Velserū in Sched. Peuting.

vlla mentio apud Romanos scriptores, non Ptolomæum, non Strabonem, non Plinium, non Plutarchum, antiquior extet, quàm quod Panegyristes Constantini, pontem Rheni Agrippinensem à Constantino M. extructum dilaudans, *Rhenus*, inquit, *ille non solùm superioribus locis, sed et vbi nouo ponte calcatur, vbi totus est, vbi jam plurimos hausit amnes, quos noster ingens fluuius, et barbarus* NICER *et Mænus inuexit*. Quod eo magis mirum, cùm Germania ab Italiâ & arce Româ tam remota non fuerit, quàm ad Orientem Asia, Africa, Ægyptus; ad Occidentem & Septentrionem Gallia, Britannia, Hispania.

Demum Probum Imp. scribit Vopiscus, *Cum post Aureliani mortem à Germanis Gallia planè possiderentur, & in ripa Rheni Romana securi vagarentur, receptis sexaginta per Gallias nobilissimis ciuitatibus, & prope infinitis millibus hostium occisis, reliquias eorum longè à Rheni littoribus vltra* NICRVM *fluuium & Albin remouisse, prædam ab eis Romanam cum fœnore recepisse. Contra* (addit) *vrbes Romanas & castra in barbarico solo posuit, atque illic milites collocauit: agrosq; & horrea, & domos, & annonam Transrhenanis*

nis omnibus fecit, quos in excubiis collocauit. Quam Probi victoriam Vopiscus, & ipse Probus ad Senatum litteris, suo et Victorum more mirè extollunt. Parciùs Francorum historicus Hunibaldus (quem tamen integrum non habemus) ita scribens: *Anno regis Clodii* XIX. *venerunt iterum Romani sub Duce Probo, iterumq̃, Francos de Gallia expulerunt: nam magnam Galliæ interioris partem septennio tenuerunt: non paucis bello ab vtraq̃, parte fusis atq̃, peremtis.*

Probi exemplum secutus est pari successu, Diocletiani collega Maximianus, qui siue Transrhenana expeditione feliciter progressus, siue è Rhętiis Romanam ditionem proferens, ad nos vsque signa victricia intulit. Quò valdè pertinent illa Panegyrici ad hunc Maximianum: *Ingressus es nuper illam quæ Rhætis est objecta Germaniam: similiq̃, virtute Romanum limitem victoria protulit.* Et in Genethliaco eiusdem: *Taceo trophæa Germanica in mediâ defixa* BARBARIA: *transeo* LIMITEM RHÆTIÆ *repentina hostium clade promotum. Omitto Sarmatiæ vastationem: prætereo Francos ad petendam pacem cum Rege venientes; Parthumque vobis munerum miraculis blandientem.* Et postea: *Laurea illa deuictis colentibus Syriam nationibus, & illa* RHÆTICA, *& illa Sarmatica, te Maximiane fecerunt pio gaudio triumphare.* Denique ibidem: *Sarmaticas vestras, &* RHÆTICAS, *&* TRANSRHENANAS *expeditiones, furore percita ni semel imitentur.* Item in alio Panegyrico siue huic Maximiano siue Constantio (diuersè enim inscribitur) dicto: *Partho quippe vltra Tigrim redacto, Daciâ restitutâ, porrectis vsque* DANVBII CAPVT GERMANIÆ RHÆTIÆQVE LIMITIBVS, *destinatâ Batauia Britanniaq̃, vindictâ, gubernacula maiora quærebat aucta atque augenda Respublica.* Libanius in Monodia Iulii:

Ὦ γλυκείας ἀκοῆς, ἣν ἀπὸ τῆς Ἑσπέρας ἡ φήμη φέρουσα τὰς πόλεις εὐφραινε, μάχας κὶ τερπναῖα, κὶ Ῥῶον πλεόμενον, κὶ φόνον Κελτῶν, κὶ αἰχμαλωτὸς λαμβανομένους, τοῦς δὲ πρὶν Ῥωμαίων ἁλόντας ἀποδιδομένους, κὶ φόρους ἐκ πολεμίων, κὶ τὰ κείμενα ἀνισάμενα. Quid quod victoriæ huius monimentum in ipso Ladeburgo superest, in arce Episcopali hodie visendum, lapis illorum Cæsarum nomina inscriptus? quem parte prima Originum nostrarum Palatinarum cap. IV. repræsentauimus.

His igitur Principibus apparet primum limitem Romanum vsque ad Nicrum prolatum, & Romana oppida castraque in Alemanico illo solo collocata. Proinde in ripâ Nicri, annotante B. Rhenano, quibusdam locis mira adhuc antiquitatis Romanæ vestigia cernuntur: vbi munimenta præsidiis locandis fuisse certum est; vt apud Etelingam, Wimpinam, Roteburgum, alibi. Sed & in monte nostræ Heidelbergæ dextro (*Abrinsbergum* postea dixerunt) & in oppido Laudeburgo, castellorum & statiuorum Romanorum honorem ruinæ, Ducumq; memoriam Inscriptiones testantur, * alibi à nobis expositæ.

Rer. Germanic. lib. 1. pag. 5.

* Origin. Palat. part. 1. cap. 4.

Nam vt Germanos non quieuisse, sed nouum iugum subinde excussisse credibile est, seu Rheno transito, siue à Rhætiis excurrentes, etiamsi Hunibaldus eorum nullus exstaret: ita octoginta ferè postea annis Valentinianum Imp. iterum victricibus armis vltra Rhenum ad Nicrum vsq; penetrasse, Ammianus auctor est; et duorum præcipuè insignium operum, quæ in Barbarico posuerit, meminit. Sed locum integrum expendere operæ pretium fuerit: *At Valentinianus* MAGNA *animo concipiens & vtilia, Rhenum omnem à Rhatiarum*

Lib. 28.

exor-

exordio (quò loci fontes suos habet) *ad usque fretalem Oceanum magnis molibus* (ita vt Valens Istrum* communiebat; *castra extollens altiùs*, (& præsidia militum idonea addens *) *& castella* TVRRES-QVE *assiduas per habiles locos et opportunos, quà* GALLIARVM EXTENDITVR *longitudo* (Hæc sunt illa in sinistra siue Gallica Rheni ripâ nota Romanis oppida, Argentaria, Elcebus, Breucomagus, Salecio, Spira, Niomagus, Borbetomagus, Bingium, Podobriga, Confluentes, Antonacum, Bonna, Nouesium, Gelduba, Batauodurum) *Nonnunquam etiam vltra* FLVMEN *ædificiis positis subradens* BARBAROS *fines* (Hæc sunt in ripa Germanica ad dextrum fluminis latus, in superciliis Rheni et culminibus montium latè apparentes turres plerunq; rotundæ, quæ ipsâ formâ architectationis & durabilitate operis Romanos auctores testantur, & huic loco suffragantur: apud Stein, Rudesheim, Ernfelss, Cub, Catzenelnbogen, Lanstein, Helfestein, Engers, Lintz, Duitz, Keyservverd.) *Deniq; cùm reputaret munimentum celsum & tutum, quod ipse à primis fundarat* (eo loco vbi hodie das Dorff) *auspiciis*, PRÆTERLABENTE (huc illabente Rheno supra ipsum castellum) NICRO NOMINE (ita alibi: Mœnum nomine fluuium.) *fluuio, paulatim subuerti posse vndarum pulsu immani, meatum* IPSVM (scilicet Nicri) *aliorsum* (Vbi ergo Valentinianus castellum posuit, vt Infra ad Moguntiacum, ad Rheni & Mogani confluentes, antea fecerat Trajanus, alii alibi; quòd magna confluentium sit opportunitas? infra eum locum, vbi hodie illabitur? an potius, quia de Rheni vtraque ripa communita loquitur, ad Manhemium ? quod & ad Rheni ripam dextram positum, & Nicro ibidem in Rhenum se exonerante alluitur) *vertere cogitauit: & quæsitis artificibus peritis*¹ AQVARIÆ *rei*, COPIO-

*Themist. Orat. X.

*Zosimus fol.742.

SAQVE [II.] MILITIS MANV, ARDVVM EST O-
PVS ADGRESSVS. *Per multos enim dies compaginatæ formæ è roboribus, coniectæq, in alueum, fixis refixisque aliquotiens prope ingentibus stilis* (palisades: apparent hodie ad pontem arcis) *fluctibus erectis confundebantur, auulsæque vi gurgitis interrumpebantur*. (Talis hodieq; aliquibus locis fluuii vehementia apparet, præsertim pluuiis exaucti, vt & villas aliquas, Seckenheim, et pontem Heidelbergensem, ex parte subruerit, aliisq; vastitatem minetur.) *Vicit tamen Imperatoris* (sunt adhuc duo Keysersvverde ad Manheim) *vehementior cura, & morigeri militis labor, mento tenus dum operaretur sæpe demersi. Tandemq, non sine quorundam discrimine* CASTRA *præsidiaria, inquietudine* ERRANTIS (ita circa Manheim hodie das Schädlich Eckh) AMNIS INGENTIS *exemta,* NVNC *valida* (et hodie validiora, vbi supra antiquum istud ostium Nicri à Palatinis positum est castrum *) sunt*. Hoc tempore primùm Romanos in hanc plagam nostram quam inhabitamus, pedem posuisse crediderim, & non tantùm apud Manhemum & Ladeburgum castra habuisse, vbi eorum memoria saxis inscripta superest, sed etiam in monte hoc Abrinsbergo (& quis scit, annon illo monte Pyri?) vbi reliquiæ veteris castelli, & lapis ille eximius, Victoriam inter alia insculptam habens, à Ducibus Iul. Secundo & Iul. Ianuario positus, cuius imagines Origg. nostrarum Palatinarum loco supra citato exstant.

Valentiniani filius Gratianus, Imperiique per Occidentem consors, eo adhuc viuo admodum juuenis, cum inæstimabilem multitudinem hostium Romanis finibus infusam cerneret, longè impari militum numero sese in hostem dedit, & *continuò apud Argentoratum oppidum Galliarum*

rum (verba sunt Diaconi) *formidolosissimum bellum incredibili felicitate confecit.* Nam plusquam xxx. millia Alamannorum, minimo suorum detrimento, in eo prælio interfecta narrantur. Neque hac fini victoria stetit. Sed & insuper Alemannos longè trans Rhenum persecutus, vltra Nicrum propulit, vt jam vtroque limite amisso, in interiora Germaniæ, & Sueuiæ, & vasta sylvarum (quæ deinceps *Othonicum nemus* dicta) se recipere cogerentur. Ausonius Epigram.
—— *periisse Sueuos:*
Nec Rhenum Gallis limitis esse loco.
Idem Panegyrico ad hunc Gratianum: *Aguntur gratia Imperatori fortissimo. testis est vno pacatus anno & Danubii limes & Rheni.* Et infra: *Voca Germanicum, deditione Gentilium: Alamanicum, traductione captiuorum: vincendo & ignoscendo, Sarmaticum.*

Sed & post Gratianum & Valentinianum de Theodosio Pacatus Depanus Panegyrico: *Qua Rhenus &c. vidit, aggrediar? Iam se mihi Sarmatica cæde sanguineus Ister obiiciet. Attritam pedestribus præliis Batauiam referam? Saxo consumtus bellis naualibus offeretur. Redactum ad paludes suas Scotum' loquar? Compulsus in solitudines auias omnis Alemanus & vterq, Maurus occurrerit.* Post hunc quoque de Stilicone suo, Honorio, Claudianus.

Ipse autem Gratianus cum patre super illa victoria et profligato bello Germanico solemnem triumphum apud Augustam Treuirorum, vrbem clarissimam, et à Roma secundam Principibus eo tempore gratam trans alpes sedem, duxit. Quam rem Ausonius in luculento carmine, quod de Mosella lusit, his versiculis celebrauit: *Nec præmia in vndis*
Sola;

DE LVPODVNO

Sola ; sed Augusta veniens quod mœnibus vrbis,
Spectauit iunctos natique patrisque triumphos,
Hostibus exactis Nicrum super & Lupodunum,
Et fontem Latiis ignotum annalibus Istri.
Hac profligati venit modò laurea belli.

Ausonius ille, gentis non planè rudis, vt ex tota Mosella patet, ait Germanos vltra Nicrum, (quæ altera apud Romanos scriptores est Nicri mentio) & fontes Danubii in sua penetralia submotos : quod posterius aliis quoque versiculis elegantibus celebrauit. Et Nicro jungit Lupodunum, velut locum in Barbarico notum & famosum, è quo exturbati fuerint Germani. De quo tamen cum nulla alibi vel vna mentio extet in tota antiquitate, non minus difficilis est indagatio, quis vel vbi locus ille sit, quàm Germanis hominibus digna, atque adeò si originum suarum studiosi, & majorum suorum gloriæ amantes esse velint, propemodum necessaria.

Et vellem virum aliàs optimè de litteris meritum, & in Germanicis rebus indagandis cumprimis feliciter versatum, ab hoc loco manus abstinuisse, aut de re non satis benè cognitâ saltem minus confidenter affirmasse, denique quiduis potius fecisse quàm ita scriberet: *Depravatum est Ausonii carmen, vbi vulgò legitur* : NICRVM SVPER ET LVPONDVM. *Quod si quæras, quid sibi velit* LVPONDVM, *scito* (*quantum ego coniectura assequi possum*) *Lupondum siue Lupodunum aut Luponum eam arcem esse, quæ nostratibus hodie* LVPFF *dicitur, à quâ nobilissima tractus eius Comitum familia nomen sortitur. Diruta fuit anno* MCCCCXVI. *jussu Sigismundi Cæsaris et Concilii Constantiensis. Sed indicant ruinæ, quàm egregium munimentum fuerit, proculdubio olim à Romanis contra Alemannos pro militi-*

Rer. Germanic. lib. 1. fol. 6.

militibus limitaneis constructum. Ego nuper Augusta Rhetorum rediens per Martianam siluam, quum Nicrum tortuosissimum amnem propter perplexam vallium curuitatem toties transire cogerer, singula satis diligenter sum contemplatus. Ab origine Nicri & arce Lupondo non ita procul abest ortus Danubii, trans cuius fontem pulsos Alemannos canit Ausonius. Nam SVPER vsurpat pro VLTRA, confinium intelligens Rhetiæ & Germaniæ, quod est supra Danubii caput: Neque enim vltra Danubium submoti sunt: Alioquin Rhætiam inuasissent, quæ Romanorum erat prouincia. Sed & Wolffgangus Lazius: Nicer solus oritur in confinibus Rhetica prima et Martiana silua, quam Nigram vocamus, haud procul à Roteuilla Imperiali oppido, vbi & Lupfenberg peruetusti castri ruina videntur, quod Lupondum fuisse doctiss. vir B. Rhenanus haud inepte argumentatur. Hem quàm multa sunt in vno hoc loco quæ mihi displicēt! Nec tamen miror, Eliam Vinetum *, & Abrahamum Ortelium *, homines doctissimos, sed exteros, coniecturam tam leuem secutos; quia nil dum melius certiusque videbant: mirabor, si quis deinceps sequetur.

Inspice tabulam Germaniæ antiquæ Abrah. Ortelii.

Lib. 8. de Migratio. gentium.

* Ad Aus.
* In Thes. Geograph. Ver. Lupodunum. Et in antiquâ German. tab.

Principiò præter codicum & editionum fidem scripsit ET LVPONDVM, duplici peccato: cùm & versus analogia, Ausoniique consuetudo perpetua, dactylum cum spondeo magis exigeret; & in LVPONDO prima syllaba nisi correpta locum habere vix posset. Deinde Lupondum commentus est, arcis vel oppidi nomen, quod nemo vspiam viderat, legerat, audierat: et si alicubi extaret, tamen nesciretur vbi esset; & an illi quam demonstrat, arci Lupff conueniret: et si conueniret, locus ipse tam ignobilis & obscurus, in media Barbaria situs, nullo aut amne præterlabente, aut monte, aut nemore vicino conspicuus, tahti quomodo fuisset, vt hunc potissimum in tam illustri victoria celebranda Ausonius consecrasset ? Cùm quidem vel terminatio vocis Luguduno, Canoduno, Camboduno, Vxilloduno, Augustoduno, Viroduno, Segoduno, Taroduno, Rhoboduno, Castroduno & Sigiduno communis, locum non exiguum fuisse credere suadeat.

At Rhenanus αὐτόπτης è ruinis obseruauit egregium munimentum, & præsidiariis contra Alemannos statiuum, Romano opere excitatum. Non abnuerim. Sed Ausonius non de Romano solo recepto agit; sed de Barbarico victo & Germanis erepto (quos quidem nulla eiusmodi munimenta habere solitos, jam tum Tacitus prodidit) in quo eo nomine siue oppidum siue castellum inuenisset; sed de victricibus armis in Barbaricum solum tunc primùm illatis, & Barbaris è propriis sedibus ad Nicrum & Danubii caput eiectis & profligatis. Itaq; quidquid Romani ibi postea condiderunt aut excitarunt, posterius est omne Ausonii æuo & illâ victoriâ. Deniq; si rectè animum aduertimus, Lupodunum Nicro proximè iungit Ausonius, ne Nicrum tam nudè nec epitheto vllo honestaret, ceu eius ornamentum aut præsidium; non Danubio, cuius fontes nominat: ad quos non solent oppida aut castra collocari.

CEDAT ergo tam vana coniectura: Ausonio lux noua accedat : procedat vetus illud & nobile in Alamanico solo LVPODVNVM. Quod fiet, si oppidum vetus, Romanorum illo æuo cognitum, eo nomine saluo & integro diu conseruato, ad Nicri ripam, & oportuno loco, & (ne quid desit) in colliculo editiore, ostendero. Neque enim *Lupondum* scripserat Ausonius, sed *Lupodunum*: quomodo & mss. omnes habent, & editiones veteres, Basili-

Bafilienfis, Lugdunenfis, Aldina, Parifienfis: nec Vinetus ipfe (qui tamen Rhenani coniecturam inopiâ meliorum fequitur) aliter expreffit: et poft hunc in emendatiffimâ editione fuâ magnus Scaliger retinuit. Id autem eft LAVDEBVRGVM noftrum. Sicut enim ex *Lutenbach* vicino (ne longius abeamus) veteri, hodie fecerunt *Laudebach*, ita è *Lupoduno*, *Laudeburg*. Quod quidem fuiffe Romanis cognitum, eorum ibi monumenta, victoriæ huius figna, alibi à nobis repræfentata fidem faciunt: et loci ipfe genius antiquitatem nefcio quam fpirans, fitusq; oportunitas, hinc Nicri alueum à mœnibus oppidi paulo fubmotum, inde in vertice montis Abrinsbergi, refpondentem fibi, excelfam & naturâ loci munitam fpeculam caftellumque Æberinesburgum habens, primo ftatim intuitu in oculos incurrit. Et aiunt, paffim in agro inter fodiendum muros & ruinas reperiri: argumentum, quòd olim vrbis ambitus major fuerit.

Id vt Alemanis extorferunt victores Romani, & occupatum fuo more fibi muniuerunt, propugnaculis & ftatiuis ad milites, horreis ad annonam habendam ædificatis, quorum adhuc ibi veftigia vifuntur, quamdiu tenuerint, non conftat. Certè fi ad Rhenum tam varia eorum fortuna fuit, ad Nicrum multo magis. Aut paulo poft à Germanis repetitum credibile eft; aut poftea in generali illa rerum conuerfione, cum tandem in fatis effet, Romanam potentiam Teutonico Marti poft multas variasq; vices fuccumbere, Orbis totius prædonibus illis Franci, cum tota ad Rhenum plaga, tractu Argentoratenfi, Sequanica, prima & fecunda Germania, & quicquid fuit Rhætiarum, omne eripuerunt: nec propriam Barbariem folam poffidebant, fed etiam Romaniam: ita enim vocabant.

Fortunatum ita se diffundere cœpit Francorum imperium, vt à montibus Pyreneis vsq; ad Pannonias longè latéq; omnia tenerent.

Sub eorum imperio non Lupoduno huic, claro iam tum temporis oppido, magis quàm aliis locis nomen priscum, siue à Germanis siue Romanis impositum fuerit (nam terminatio D V N V M non tantum Romanum sonat, quando non tantum Galli Lugodunum, Vxillodunum suum habent, sed etiam Germani Lugdunum suum, quod Caput Germaniæ dicitur in Itinerar. Aug.) abrogatum fuit: et Lobodvnæ ciuitati aut Lobodoni castro nomen permansit. Quod cum jam tum Pipini Caroliq; æuo Franciæ Orientalis non ignobile oppidum fuisse, veterum litterarum monumenta, quæ subiiciemus, fidem faciant; vetustiorem proculdubio seu Romanam seu Germanam originé habere necesse est: nec jam aut Lupodunum alio loco, aut Loboduna sub alio nomine, quæratur.

Erat tum temporis Francorum ditio, totaque Germania vetus in Pagos tributa, singulisq; pagis, quibus vnus Comes præpositus, suæ villæ; inter quas præcipua Comitis domicilio cedebat; in qua sedem & aulam suam (quam *Saalam* ipsi vocabant) tribunalq; & auditorium (quod *Mallus* illis) haberet, vbi more Majorum ius diceret. Ita à Spira, Wormacia, Tiguro, Spirensis, Wormaciensis, Tigurinus Pagus dictus: nec aliter à Loboduna ciuitate (quam non infimi nominis fuisse, hinc apparet (nomen accepit totus hic noster tractus *Pagus Lobodonensis, Lobodunensis, Lobadunensis, Lobodenensis, Lobdinensis, Lobdenensis, Lobodensis* (cuius meminerunt optimi illi annales P. Pithœi) *Lobudunensis, Lubodonensis, Lubudunensis, Lubidunen-*

nenſis, *Lubdunenſis*. Tot modis variauit: vt jam non dubium, etiam *Lupodunenſi* ſcripſiſſe aliquando. Barbari *Lobotengovve*, *Lobetdengovve*, *Lobotingovve*, *Lobodungovve*, *Lobodunovva*, vulgò pronunciabant. Cuius villæ omnes (alibi à nobis fide veterum diplomatum Carolini æui enumeratæ *) hæ ipſæ noſtræ circa ipſum Ladeburgum vſque ad Rhenum & ſtratam montanam ſunt : Alt-Bergen / Blanckſtatt / Hyvesheim / Doſſenheim / Edingen / Firnheim / Gowberg / Heidelsheim / Hendſchuchsheim / Hirtzberg / Jlvesheim / Kirchheim / Laudebach / Leymen / Manheim / Newenheim / Nußloch / Oppaw / Rorbach / Groß vnd Klein Saſſen / Sandhouen / Suetzingen / Seckenheim / Schriesheim / Suaben / Walſtatt / Wiſſenloch / Waltorff / Wiblingen : luculentè id oſtendente Tabula noſtra Chorographicâ, æri inciſâ, quâ pagorum aliquot in veteri Barbarie proximè Rhenum Mœnumque & Nicrum fluuios ſitus, ad ſimilem in aliis ditionibus laborem amantes patriæ inuitaturi, repræſentauimus. Vt jam non ſit dubitandum , hunc vnum ex pagis illis veteris Germaniæ eſſe, de quibus Tacitus & Cæſar : et Lobodunum caput eius, veterum Nicri accolarum (Sueuorum, Alemannorum) ſedem extitiſſe. Ipſa igitur ſedes & palatium Comitis eius pagi fuit, & CIVITAS LOBODVNENSIS nomen conſtanter retinuit.

* *Origin.*
Pal. cap. 7.

FRANCI oppida quæuis vetera *Burgos* vocabāt, et antiquis nominib. *burgos* addebant; vt Guntienſis tranſitus in Rhætia, poſtea *Gunzburgum* dictus ; Regia caſtra, *Reginoburgum* : & talia ſexcenta. Itaque iidem Lobodunum ſuo idiomate LOBOTENBVRG, quaſi LOBODVNI-burgum ſuo more indigetarunt. Id enim erat *Burgum*, πολίχνη, oppidum muro turribusque cinctum, & portis clauſile : quo nomine tunc temporis oportuna bello & munita annonæ copiâ caſtra vocare jam Romani à noſtris Germanis didicerant. Quod cognoscimus ex Burgundionum historia, & Sidonii Apollinaris carmine Panegyrico in Burgum Hebromagum in agro Burdigalensi, quod quidem à munitione horreorum et propugnaculorum ita vocatum fuisse manifestè canit his versibus:

Cernere jam videor, quæ sint tibi Burge futura.
Diceris sic: namq, domus de flumine surgunt:
Pendentesq, sedent per propugnacula thermæ.

Nomen autem origine meré Germanicum, fontem Græcum πυργȣ non dissimulans: et Germanis non tam arcem quàm ciuitatem clausam significabat: vt ex Otfrido Monacho Wissenburgense, antiquissimo omnium scriptore Teutonico discimus, qui in Euangelio locum illum: *Ite in ciuitatem*, Franciscè ita reddidit: *Faret in thia burg.* & in Saxonico Willeramus, *asst die burg* p. 42. 92. et *die Burchvvachtuo.*

Horum coloni Franci Occidetales oppidum *Bourgade* etiamnum dicunt, & suburbium *Faulxbourg* quasi ciuitatem. Ita etiam legimus veterem ciuitatem (quæ hodie Ratispona) *Regium* Antonino, *ReginoCastra* Noticiæ, *Regino* tabulæ itinerariæ Welserianæ, deinde Francis in suis diplomatis modò *Reginam* ciuitatem, modò *Reginesburg, Reganesburg, Ragenesburg.* Ita ergo veteris LVPODVNI Burgum Franci vulgariter LOBOTENBVRG et LOBEDENBVRG, & paulatim (vt contractionibus mirè gaudebant; ex Altissioduro *Auxerre*, ex Vxilloduno *Ysfoudun*, Augustoduno *Autun*, Lugduno *Lyon*, Nouioduno *Nyon*, Cabillone *Chalon*, ex Borbetomagus *Wormes*, ex Franconofurto *Francfurt* facientes) LOBDEBVRG dicebant: si modò contractio dicenda est, cùm vtrunq; dicere etiam aliqui potuerint, Lobdun & Lobodun: vt LVGODVNVM prius dictum Dio scribit, etiam in lapidibus aliquot & nummis * legimus, quod vulgò in omnium ore &

cala-

calamo Lvgdvnvm. Notarii autem & tabelliones eorum, *Lobodonem castrum*, aut *castrum Lobodonense*, aut *Lobodunam ciuitatem*, pro sua elegantia vertebãt.

Et vidimus ipsi non pauca diplomata venerandæ illius antiquitatis, Carolorum, Ludouicorum, Otthonum, Henricorum, eo in loco à Principibus data & subscripta: additum etiam aliquando: *In præsidatu Cunradi Comitis*: et: *In Comitatu Henrici Comitis*. Quorum ibi salam, mallum, burgum cùm primis celebre fuisse, hinc certò liquet. Et nomen ipsum palatio Episcopali κατ' ἐξοχὴν adhærescens, der Saal zu Ladeburg/ des Bischoffs Saal/ nõn tantum in antiquis instrumentis legitur, sed etiam in hanc diem superest, vt & incolæ & rustici vicini non aliter ferè dicere soleant: Ich gehe in den Saal / Ich kom̃ aus dem Saal / arcem Episcopi volentes.

Saal Jngelheim. Saal Ströberg. Saalhoff zu Franckfurt/ Cölln.

Is Comitatus Lobodunensis (Lobdeburgensis) sequentibus temporibus beneficio Germanorum Cæsarum hereditarius factus, & certæ familiæ feudi titulo adscriptus: ex qua in primo hastiludio sub Henrico Aucupe Imp. celebrato inter alios decurrisse legimus * Andre Greve zu Lobdiburg. Quòd postea obscurior, in causa vicinitas Triburiæ villæ regiæ, loci nominalissimi.

Thurnierbuch.

Ex his etiam perspicuum est, qua ratione ex Lopoduno Lobodiburgum (eadem nimirum, qua ex Reginone ciuitate & ipsâ non infimi nominis, Regensburgum) & ex hoc Laudiburgum, tandemq; Ladeburgum sit factum, quomodo hodie vulgo vocatur. Quod ineptis hominibus hac ratione originem Romanam loco asserere satagentibus, occasionem fingendi *Latinoburgi* dedit. Sanè à CC. ferè annis constanter scriptum inuenio *Laudenburg*: et ipsa porta ad Orientem oppidi titulum talem ingetibus litteris inscriptum præfert, Lavdenbvrg.

Typum mutationũ huiũ parallelum vide infra post pag. 30.

Neq;

Neq; etiam ignoro, equestris ordinis familiam ibi extitisse, illorum *De Laudenburg:* quæ etiam Episcopos duos Wircepurgenses (ne plura addam) dederit.   At notum est, quàm facile propria locorū nomina, paulo antiquiora et prolatu difficiliora, in ore vulgi lancinentur et deprauentur. Præsertim verò, quàm facilis litterarum B et V inter se sit commutatio (ne Pandectarum Florentinarum auctoritate in re friuola abutar) vel vnum alterumq; exemplum abundè docuerit. Ita Veruex in Brebis: et ex *Augaro* Rege *Abgarum* codicum exaratores fecerunt: et rursus *Louendeburg* apud Lamb. Schaffenburg A. 1073. tunc Imperiale oppidum, si non potiùs scribendum *Louedenburg*.   Ita etiam LOBDINBVRG in LOVDENBVRG non tam εὐφωνίας affectatione quàm quadam Barbarici oris oscitantia & balbutie degenerauit: cùm quidem verum suum et natiuum nomen ab omni antiquitate ipsa adhuc ciuitas in sigillis suis (majore enim & minore vtitur) quibus pro insigni *Burgum* seu castellum biturritum ad veteris dignitatis memoriam insculptum habet, incorruptum fideliter conseruet: S. PARVVM. OPPIDI. LOBDENBVRG: vt pleræq; ciuitates in *Burg* desinentes, veluti *Magdeburg, Luneburg, Hamburg, Weißenburg, Neuburg, Regensburg, Offenburg, Bernburg, Brandenburg, Rotenburg*, imo etiam *Freyburg in Vohtland, Augspurg, Hachenburg, Homburg, Glauburg, Diepurg, Bebenburg, Burckheim*. Quod vnum hanc obseruationem nostram maximè confirmat, junctis Carolini illis æui diplomatis, non jam quibus Lobodonensis pagi villæ enumerantur, quæ vidi ad trecenta: sed quæ in ipsa metropoli, perueteri inquam illa Lupoduno Ausoniana, in Francia Orientali à Francis regibus & Cæsaribus editæ subscriptæ & subsignatæ supersunt: quarum exempla aliquot fidei faciendæ subjicemus.

Trithem. in Chron. Hirsaug.

FRIDERICO-HENRICO,
COMITI PALATINO RHENI, BOIA-
ARIÆ DVCI, &c. SERENISSIMI
SEPTEMVIRI FILIO,
B. RP. N.

)NDIDIT hanc PATRIÆ tabulam pia cura Freheri,
 Conscia consilij Patris Antique Tus.
a pars Veteris (LVBODVNVM vbi mœnibus olim
 Forte cluet solum) Barbaria, atque Nicri:
ss, qua Dominum, FRIDERICE-HENRICE, Parentem
 Magne Tuum, & genitum Te sibi nouit Herum,
rum in patrios Alamannorumque patentes
 Excurrens campos, detegit arua Notis.
liquam, Mœni a Borea, ceu Tuber ab Ortu,
 Rhenus ab Occasu, terminat vnda plagam.

RVRA hic Teutonico per PAGOS didita ritu,
 FRANCICA sunt itidem nomina juncta solo.
FRANCICA nosce etiam, quoniam jam cætera discis,
 Nomina, FRANCORVM Regibus orte Puer:
Vt loca, Pippini et Caroli jam cognita sceptris,
 Aque atauorum atauis ordine recta Tuis,
Conditor indigenæque suo sermone vocarint.
 Imperium expectant hæc aliquando Tuum.
Qui latent Patriæ Columen, qua sæua vetustas
 Semper sibi incolumes non sinit esse loca?
                         GOTTHARDVS VOEGELINVS.

LECTORI
S.

Habes partem ejus Barbariæ veteris, nunc cultissimæ Germaniæ, quæ inde ad Occidentem Rheno, veteri suo limite, ab oppostia & infesta Romania (cujus nobis nihil hoc loco repræsentare in animo fuit, nisi quod obiter ad ripam loca tunc cognita cum statiuis in eâ legionum Romanarum expressimus) inde ad Septentrionem ab Hassia & Thuringia Mœno, ad Orientem verò Tubero fluuijs à reliqua Franconia secernitur. Tractus autem Nicri in Pagos suos distinctus, cum nominibus villarum Francicis (quo in tractu, atq; adeò toto hoc spacio LVBODVNVM nostrum olim ferè solum cluebat) ad Meridiem, nonnisi quatenus juris Palatini hodie est, in Sueuiam & Alemanniam excurrit. Hunc nobis terminum vltrò fiximus. Exemplum in alijs ditionibus alij amantes patriæ sequantur.

MONVMENTA ANTIQVA FIdem facientia, LADEBVRGVM, Dagoberti Pipini Caroliqúe auo, Franciæ Orientalis non ignobile oppidum fuisse:

CVM LITERARVM ALIQVOT Exemplis in hac Vrbe et Comitatu eius Pagoq́ Lubodunense à Francis Regibus & Cæsaribus editarum, subscriptarum, subsisignatarum.

Traditio Ciuitatis LAVDEMBERG cum omnibus adiacentibus per DAGOBERTVM Regem.   A. 636.

DAGEBERTVS Rex Francorum. Cunctos nosse volumus, qualiter Nos de remedio animæ nostræ & de futura retributione cogitantes omnino proposuimus in animo nostro Ecclesias Dei de allodiis nostris coheredes facere, & loca Sanctorum augmentare. De hoc tulimus bonum consilium procerum nostrorum, PIPPINI qui est Maior domus, ARNOLFFI Metensis Episcopi, HVMBERTI Coloniensis Archiepiscopi: & inde misericordiam Domini consequi & eius sanctorum suffragia promereri confidimus. Ideo omnes Dei fideles & nostri, præsentes & futuri recognoscite, qualiter omnes res iuris nostri in pago LAVDEMBVRGENSI*, & quidquid ad nostram vrbem ambulare visum est, & omne quod ad fiscum nostrum hactenus pertinebat (excepto Stipe & Comitatu) ex eo nihil dimittentes, tradimus totum ex integro, magnum & paruum, ad basilicam S. PETRI Apostoli, quæ est in WORMACIA ciuitate constructa, cui præst dominus vir Apostolicus AMANDVS: hoc est quod tradimus, Ciuitatem nostram LAVDEMBVRG*, palatium nostrum, ædificia, mancipia, vineas, terras cultas et incultas, agros, prata, campos, omne syluaticum in syluis OTENVVALT, cum omni vtensilitate in omni pago LAVDENBVRGENSI, & undiq́ in intraha, in pascuis, materiamina, aquas aquarumq́ decursus, piscationibus, quæsitu & inquirendis, omne theloneum, mercatum, & quidquid dici aut nominari potest, sicut prius ad nostrum vsum ambulare videbatur, sic in antea ad præscriptam Basilicam pro æterna mercede augmentum possidendum donauimus, & sub integra communitate omnia ad eandem Basilicam pertinentia præceptione nostra à nouo confirmamus, sicuti priori anno communitatis tuitionem dedimus omnes villas, facultates seu Abbatias, & quidquid ad ipsam ciuitatem WORMATIAM aspicere videtur: vt nullus iudex publicus, nec causas audiendo, nec freda exigendo, nec homines ipsius Ecclesiæ tam ingenuos quàm & seruientes distringendo, nullum impedimentum audeat facere, nisi pro parte ipsius Ecclesiæ vel ipse Pontifex AMANDVS aut successores hoc habent concessum atq́ indultum, quieto ordine possidere atque

                      LOBEDENGAVVE,

                      LOBDENBVRG.

                      LOBDENBVRGENSI.

dominari, quod partibus fisci nostri fuit consuetudo reddendi. Et vt authoritas hac firmior sit, manu nostra subscriptionibus subditus illam decreuimus roborare.

DAGEBERTVS Rex Francorum.

GODEFRIDVS recognouit.

Datum sub die 11. Kalend. Octobris, Anno Regni nostri VI. Actum MOGVNTIÆ palatio nostro, feliciter satis.

A. 1011.   De Comitatu LAVDEMBERG.

IN nomine sanctæ & indiuiduæ Trinitatis. HENRICVS diuina ordinante prouidentia Rex &c. Omnium itaq, sanctæ Dei Ecclesiæ vtriusq, sexus fidelium sub regni nostri ditione degentium nosse volumus solertiam, qualiter BVRCHARDVS, venerabilis Episcopus sanctæ Dei Ecclesiæ VVORMACIENSIS, nobis in omnibus fidelissimus, dominationem nostram adiens rogauit, vt fidelitatis variiq. laboris sæpe pro nostra dilectione impensi recordaremur. Cuius verò petitioni Nos assensum præbentes, fideiq, sibi promissæ memoriam tenentes, interuentu videlicet ac petitione dilectæ conjugis nostræ CONIGVNDÆ Reginæ, Comitatum in pago LOBEDENGAVVE situm, cum omnibus sibi pertinentibus, per hanc nostram Regalem paginam cessimus, & de nostro jure & dominio in sua ditionis manum transmisimus, ea videlicet ratione & tenore, vt jam dictus Episcopus de prædicto Comitatu & ejus vtilitatibus dehinc habeat potestatem fruendi, habendi, vel quidquid sibi placuerit faciendi, omnium hominum contradictione remota. Quod vt verius credatur diligentiusq, obseruetur ab omnibus, propriis manibus roborantes sigillo nostro subter insigniri jussimus. Datum VII. Idus Maij, Indictione IX. Anno Dominicæ incarnat. MXI. Anno Verò Domni secundi Henrici regnantis IX. Actum BAVENBERG Feliciter, Amen.

Donatio GEROLDI, in
VITENHEIM.

GEROLDVS et vxor eius IDIBVRGA tradiderunt proprietatem suam, quæ est ad VITENHEIM, et HEDENESHEIM, in manum GRIMOLDI, SIGEWINI, DRVANTI, & BERVVARDI, ea videlicet ratione, vt si ambo desiderent, ad manus eorum reddatur, & quicunque illorum superstes viuendo alteri fuerit, ad manus eius non reddatur, sed vterque illorum quàm diu viuat, cum omni integritate teneat: Et si illis Deus filium dederit, offeratur DOMINO & S. PETRO ad WORMATIAM, vt Clericus fiat, Et si in Dei seruitio permanere voluerit, post discessum vtriusq. eandem proprietatem diebus vitæ suæ teneat. Post obitum verò ipsius, VITENHEIM in jus Fratrum DOMINO Sanctoq. PETRO seruientium reddatur: HEDENESHEIM autem monachis LAVRESHAMENSIBVS, DEO famulantibus SANCTOQVE NAZARIO, in Elemosinam ipsius GEROLDI & vxoris ejus IDIBVRGÆ, & CVNRADI Comitis, & parentum eorum, in perpetuum concedatur vsum. Et si illis filius non fuerit, IDIBVRG diebus vitæ suæ præfatam proprietatem teneat; & si quando illa obierit, ceu supra diximus, in jus prædictorum tradatur fratrum. Et si vllus Episcopus aut Abbas ex stipendiis prædictorum fratrum

trum tollere, & in beneficium dare, aut sibi habere voluerit; proximi heredes sui, de Ecclesia tollere habeant potestatem; ea ratione, ut annis singulis in anniversario eorum, fratribus utriusque monasterii, scilicet tam de S. PETRO, quàm de S. NAZARIO, detur dimidius modius excussa farina, frisginga II. de vino, situla V. de cervisa. Similiter, pauperibus in elemosynam: de pane modius I. de cervisa situla X. & de leguminibus malarum. I. sive bachonem.

Post obitum verò GEROLDI, GRIMOLDVS Advocatus S. PETRI, & HVGIZO Advocatus S. NAZARII, contraxerunt suum testimonium in publico mallo apud LOBEDDENBVRG, in præsentia Cunradi Comitis, & Rihgovvonis Episcopi Wormatiensis, & Ebergisi Abbatis Laureshimensis, & Episcopi Mindonensis, ac Iudicum. Isti sunt testes, qui ipsam donationem illic juraverunt; Manno, Rudfole, Werinbrath, Wignant, Dietbalt, Luitfrit. Nomina testium qui in eodem publico mallo hoc viderunt & audierunt: Burchart Comes, Irphine, Didolt, Wolibrath. Item Wolibath, Sigevvin, Sigebodo, Adalbrath, Hugizo, Ratbodo, Guntheri, Folkmar, Brunicho, Volrat, Gerbart, Einhart, Thanemar, Gebrath, Franco, Bertpolt, Reginbrath, Gerlach, Embricho, Erlevvin, Gerhart, Adelrat, Wisrich, Norchrat, Giselhen, Bernhoh, Coppo, Sigehart, Engilbalt, Hartman, Cadalach, Meginhart, Rihhart, Adelrath, Gerhoh, Willihelm, Volsbrat, Humbrat, Gerbrath.

Post mortem verò RIGOWONIS Episcopi & EBERGISI, ANNO Episcopus, & GERBODO Abbas, contraxerunt suum testimonium, qui hanc traditionem viderunt & audierunt. Isti sunt qui juraverunt in illorum præsentia: Erkanbelt, Ardolt, Adalhart, Nubrath, Rutfole, Rihram, Egisheri, Folcrat, Meginhart, Folchot, Tancrath, Irminolf. Isti sunt testes: Gerolt, Gerhart, Ribger, Adalzer, Ato, Waldrich, Adalrich, Luitbrath, Warger, Gerbrath, Adalbrath, Sigevvin, Hartnit, Meginbrat, Dietbrat.

Actum in Comitatu Cunradi Comitis, in pago LOBODENGOVVVE, in præsentia istorum Schabinorum: Hunger, Luithart, Wegelenzo, Wienant, Sigehart, Reginbrath Franco, Luitfrid, Hadobrant, Ato, Vdelrich, Ruthart, Adelbrath, Gerbreth, Folkholph, Altman, Volbreth, Sigebodo, Thietbraht, Nanno.

Donatio MARCHARII in SAHSENHEIM, Anno IV. PIPPINI Regis, S. RVOTGANGO Prouisore.

A. 753.

SI ALIQVID de rebus nostris, locis Sanctorum vel in substantiam pauperum conferimus, hoc nobis proculdubio in æterna beatitudine retribui à Deo confidimus. Idcirco ego MARCHARIVS, ob amorem Domini nostri IESV CHRISTI, & remissionem peccatorum meorum, ut veniam delictorum meorum consequi merear in futuro; dono, donatumq; esse in perpetuum volo, ad basilicam S. PETRI quæ constructa est in villa HEPPENHEIM, portionem meam, id est, areolam meam in villa WINENHEIM, cum ipsa huba quam VVolfinus tenet, & ad ipsam hobam de terra jurnalia XL. & pratum de quo secari possunt VII. carrada fœni, cum sylvis, pascuis, aquis, aquarúmve decursibus, totum & ad integrum; ea ratione, vt ab hac die, habendi, tenendi, vel quicquid exinde elegerint faciendi, agentes eius, pro vtilitate Ecclesiæ, & in eorum debeant dominationem revocare perpetualiter ad possidendum. Si quis verò (quod fieri non credo) si ego ipse, quod absit, vel aliquis de heredibus meis, contra hanc donationem venire temptaverit, non solùm ei non liceat: sed inferat partibus ipsius basilicæ cum cogente fisco auri libras X. & argenti pondera quinquaginta quinque coactus exsolvat: & quod repetit, evendicare non valeat, stipulatione subnixa. Actum in villa BVTTHESHEIM, juxta LOBETDENBVRC. XVI. Kal. Augusti. Sign. Marcharij, qui hanc donationem fieri & firmari rogavit. Sign. Raffoldi, Gunzonis, Hartradi, Drutperti, Reginperti. Ego Hiebo presbyter scripsi.

A. 762. Donatio SIGWINI in HANTSCVHESHEIM, Anno XIII. Regni Domni PIPPINI Regis, RVTGANGO Archiepiscopo & Abbate.

EGo in DEI nomine SIGEWINVS &c. pro anima mea remedio, seu & pro æterna retributione, per hanc cartam testamenti dono ad Ecclesiam peculiaris patroni mei S. NAZARII martyris, qui requiescit in corpore in pago RINENSI, in monasterio quod vocatur LAVRISHEIM, sito super fluvio Wisscoz, vbi Dominus & pater meus vir apostolicus Rutgangus, Abbas esse videtur; id est, vineam meam in pago LOBODONENSE, in villa HANTSCHVHESHEIM, super flvvium NECKAR; in ea conditione, vt hac die ipsius monasterij monachi habeant, teneant, atque possideant, vel quicquid exinde facere voluerint, liberam & firmissimam in omnibus habeant potestatem. Si quis verò, quod futurum esse minimè credo, si ego ipse, quod absit, aut vllus de heredibus meis, vel proheredibus, vel quislibet, vel extranea persona, qui contra hanc donationem venire conatus fuerit, aut inrumpere voluerit; iram Dei omnipotentis incurrat: insuper etiam inferat ipsius monasterij sacratissimis fratribus auri libram I. argenti pondera II. & hoc quod repetit, evendicare non valeat; sed hæc præsens donatio firma & stabilis omni tempore permaneat, stipulatione subnixa. Actum in LOBODONE CASTRO, coram testibus. XI. Kal. Augusti. Signum Sigevvini, qui hoc testamentum fieri & firmari rogavit. Sign. Warini Comitis, Waldolfi; Ascricho, Agrimo, Ruthtan, Waningo, Nandingo, Hariberto, Harirado. Donadus scripsit.

A. 762. Donatio MACHELINI & HERLINDIS, in EDINGEN, PIPPINO Rege, GVNDELANDO Abbate.

SI ALIQVID de rebus nostris locis Sanctorum vel in substantiam pauperum conferimus, hoc nobis procul dubio in æterna beatitudine retribui à Domino confidimus. Vnde ego MACHELINVS, & conjux mea HERLINDIS, ob amorem Domini nostri IESV CHRISTI, & remedium animarum nostrarum, donamus donatumq́; in perpetuum esse volumus ad locum S. NAZARII, qui requiescit in pago RINAHGOWI, de terra

jurna-

jurnales III. in EDDINGERO marca, in ea ratione, vt ipsa Ecclesia, vel agentes eius, in eorum debeant dominationem subdere perpetualiter possidendam, jure habendi, tenendi, dominandi, vel quicquid pro opportunitate ipsius basilicae exinde facere deliberaverint, liberam in omnibus habeant potestatem. Si quis contra hanc cartulam donationis nostrae venire temptaverit, aut eam infringere conatus fuerit, aeterna majestatis iram incurrat, & ante tribunal CHRISTI deducatur, super hoc sancto scripto rationem redditurus: & insuper inferat partibus Basilica cogente fisco, auri solidos III. argenti verò pondera II. exsoluat: & quod repetit, evendicare non valeat; sed hac donatio omni tempore firma & stabilis permaneat, stipulatione subnixa.

Actum in LOBDVNA CIVITATE PVBLICA. XV. Kal. Decembris, anno XIII. regni Domni nostri PIPPINI Regis gloriosi. Sign. Machelini, qui hanc donationem fecit. Notbaldus scripsit.

Donatio GVMPERTI, in NIVVVENHEIM, in LOB-
DVNENSI, Anno XIIII. Regni
Domni PIPPINI Regis.

A. 763.

SI ALIQVID de rebus nostris locis Sanctorum vel in substantiam pauperum confirimus, hoc nobis proculdubio in aeterna retributione apud Deum restitui confidimus. Igitur ego GVMPERTVS, in nomine Domini nostri Iesu Christi, pro anima mea remedio, dono donatumq́; in perpetuum esse volo ad basilicam S. NAZARII, quae constructa est super fluvium WISSCOZ, vineam meam hoc in pago LOBDVNENSI, in villa NIVVENHEIM, ex cujus una parte attinetur vinea FRIDEBVRGE, & de alia parte via publica, in tertia parte subterfluit NECKAR fluvius; in ea ratione, vt ab hac die ipsa Ecclesia, vel agentes eius, debeant dominando perpetualiter possidere: ita ut ab hac die & deinceps jure habendi, tenendi, dominandi, vel quicquid exinde pro oportunitate ipsius basilica elegerint, faciendi liberam in omnibus habeant potestatem. Si quis verò contra hanc parvulam donationem à me factam venire temptaverit, & eam infringere vel mutare voluerit, tunc partibus basilica S. PETRI, auri solidos III. argenti pondera II. inferat; & tamen quod repetit, evendicare non valeat; sed praesens ista donatio, omni tempore firma & stabilis permaneat, stipulatione subnixa.

Actum in LOBDENENSI CIVITATE PVBLICA. Idus Novembris. Signum Gumberti, qui hanc donationem fieri & firmari rogavit. Sign. Harifridi, Hardaperti, Raginperti, Zeizonis, Onolbaldi. Hassi indignus presbyter donationem istam scripsi rogatus & subscripsi.

Donatio SICCONIS, Anno XX. Regni Domni KA-
ROLI MAGNI, RICHBODONE
ABBATE, Id. Decemb.

A. 788.

IN DEI nomine ego SICCO, dono pro anima conjugis meae ANGILBVRGAE in pago LOB. in HANTSCHVHESHEIM, ad partem

S. NAZARII, qui requiescit in corpore in pago RINENSI, in monasterio LAVRESHAM, vbi vir venerabilis RICHOBODO Abba praeesse videtur, donatumq; in perpetuum esse volo; hoc est portionem meam de vinea .1. in HANTSCHVHESHEIM, qua mihi de parte conjugis mea jam dicta legitime obuenit, qua subjungitur de subtus vsque ad riuulum, desuper attingit ad Ecclesiam in LOBETDENBVRG, ad integrum, à die præsente & deinceps, vt eidem loco omni tempore proficiat in augmentis: stipulatione subnixa.

Actum in monasterio LAVR: Sign. Sicconis, qui hanc donationem fecit. Sign. Salemanni, Hiltdibaldi, Hartdradi, Nortivvini, Liobboldi, Milonis, Starcheri, Birichonis. Samuel scripsit.

A. 797. Confirmatio CAROLI Regis de LAVDEMBERG & OTENWALT.

CAROLVS Dei gratia Rex Francorum & Longobardorum, & Patricius Romanorum. Quidquid Sacerdotes de suis & Ecclesia sua necessitatibus nostris auribus insuderint, id pro animo suscipere æquum censemus, Deiq; misericordiam in supplendis petitionibus illorum promereri liquidò credimus. Quapropter nouerit omnium Dei Ecclesiæ nostriq; fidelium industria, quod vir venerabilis ERENBERTVS Wormatiensis Ecclesiæ Episcopus nostram excellentiam adiit, se reclamans ob contentionem quandam, quam Reipublicæ judices & exactores fecerunt inter Ecclesiam suam & inter Regiam potestatem de syluis OTENWALT & cæteris vtensilibus in pago LOBODVNBERGENSE, volentes omnem vsum prædicti pagi in dominicum fiscum redigere: propterea ante nos in manibus detulit preceptum DAGOBERTI Regis Francorum, in quo tenebatur, qualiter idem DAGOBERTVS Rex Francorum ad Basilicam S. PETRI Apostoli quæ est in WORMACIA ciuitate constructa, tradidit ciuitatem * LAVDEMBERG in pago * LAVDENBVRGENSI sitam, cum omnibus rebus ad illam pertinentibus, hoc est ædificia, mancipia, vineas, terras cultas & incultas, agros, prata, campos: omnem syluaticum in syluis OTENVVALT, cum omni vtensilitate omni pago LAVDENBVRGENSI in undiq; in intraha, in pascuis, in materiaminibus, aquis, aquarumq; decursibus, piscationibus, quæsitu & inquirendis: item theloneum, mercatum, & quidquid ad fiscum pertinebat: excepto stipe & comitatu, ex integro omnia concessit, & sub integra exemitate omnia ad eandem Basilicam pertinentia sua præceptione confirmauit. Præterea in nostram præsentiam attulit chartas & præcepta prædecessorum nostrorum Regum videlicet Francorum, HILPERICI & genitoris nostri bonæ memoriæ PIPPINI, in quibus continebatur, quomodo ipsi Principes & Reges Francorum preceptum DAGOBERTI & omnes prædictæ Ecclesiæ res suis præceptionibus confirmassent. Sed pro rei firmitate petiit celsitudinem nostram, vt nostra etiam auctoritate id ipsum confirmaremus. Cuius petitionibus ob animæ nostræ remedium libenter annuentes, dissensioni finem fecimus, & hoc nostræ auctoritatis preceptum eidem Ecclesiæ fieri decreuimus. Addidimus etiam de nostro & donauimus ad præfatam Basilicam S PETRI principis Apostolorum, Ecclesiam in villa EDINGA constructam, & quandam censualem terram in villa HVSEN nominata, cum curtilibus & omnibus vtensilibus ad eandem terram pertinentibus, campis, pratis, pascuis, aquis aqua-

margin: LOBEDVNBERG. LOBEDVNGAWE.

aquarumq, decursibus: & decem mansos in villa VLVESHEIM. Et
vt haec auctoritas nostra confirmationis & traditionis in futura tempora immobilis permaneat, manu nostra subter eam roborare decreuimus, & de annulo nostro sigillare iussimus.   Lutherus recognouit.
   Data mense Iulio Anno XXX. Regni nostri. Actum VALENTIANAS.

   LVDOVICVS Rex, Anno XXIV. eius Regni in Orientali Francia,   A. 837.
    Franckenfurt.

   OTTO Imp. Anno Dom. Incarnat. DCCCC. Rauenna.   A. 900.

   HENRICVS Rex MXII. Neristein.   A. 1012.

   RVDOLPHVS Rex Rom. MCCLXXXVIII. Wormatiae.   A. 1288.

   LVDOVICVS IIII. Imp. MCCCXXXII. Franckfurt.   A. 1332.

   Donatio ERKANBALDI, in WIBELINGEN, et LO-   A. 808.
    BODVNOVVA, tempore KAROLI MAGNI
     Imp. & ADALVNGI Abbatis.

IN DEI nomine, ego ERKANBALT presbyter, pro remedio animae meae & fratris mei ERLEBALDI, dono ad sanctum Christi martyrem N. qui requiescit in monasterio LAVRISH. I. vineam, & XII. jurnales de terra arabili, in WIBILINGA; & in LOBODVNOVVA I. pratum ad quatuor carradas feni, & I. mancipium nomine Wolfhilt, stipulatione subnixa.   Actum in monasterio LAVRESHAM, Kal. May Anno XL. Regni domni nostri KAROLI Regis gloriosi.   Signum Erkanbaldi qui hanc donationem fecit. Sign. Ebervvini, Ratoldi, Guntberti.   Altvvinus scripsi.

    Confirmatio LVDOVICI & LOTHARII   A. 829.
     Impp. de Theloneo.

IN NOMINE Domini Dei & Salvatoris nostri IESV CHRISTI. LVDOVICVS & LOTHARIVS Diuina ordinante prouidentia Imperatores Augusti.   Si petitionibus Sacerdotum in quibuslibet necessitatibus Ecclesiasticis nostra auctoritate sublevandis consulimus, hoc nobis procul dubio tam ad statum terreni Regni corroborandum, quàm & ad aeterna vitae beatitudinem capessendam, profuturum esse credimus.   Idcirco notum fieri volumus omnibus fidelibus sanctae Dei Ecclesiae & nostris, praesentibus scilicet et futuris, Quia vir venerabilis RICHOVICVS, sanctae WANGIONENSIS Ecclesiae Episcopus, detulit nobis praeceptum domini & genitoris nostri bonae memoriae CAROLI serenissimi Augusti, simul & Aui nostri PIPPINI Regis, in quibus continebatur, & quod ipsi & praedecessores eorum, Reges videlicet Francorum, DAGOBERTVS, SIGIBERTVS & HILPERICVS, concessissent, vt quantицunq, negociatores vel artifices, seu & Frisiones, f. Phrygiones. apud Wangionem ciuitatem deuenissent, omne theloneum, vndecunq, fiscus theloneum & in predicta ciuitate, & in castellis LOBDENBVRG & WIMPINA, exigere poterat, ad integrum per eorum auctoritates eidem
                        Eccle-

Ecclesia concessisset: & pro rei firmitate petiit nos prefatus Richouicus Episcopus, ut huiusmodi beneficium erga ipsam Ecclesiam fieri juberemus. Cuius petitioni ob amorem Dei & anima nostre remedium libenter annuimus, & hoc nostre auctoritatis preceptum eidem Ecclesia sua decreuimus, per quod jubemus atq, pracipimus, ut sicut à memoratis Principibus & Regibus concessum atque confirmatum est, ita deinceps presatum theoloneum RICHO- VICVS Episcopus sutque successores per hanc nostram auctoritatem habeant concessum ad necessitates Ecclesia subleuandas. Et ut hac auctoritas nostre confirmationis per futura tempora inuiolabilem atq, inconuulsam obtineat firmitatem, manibus proprijs subter firmauimus & anuli nostri impressione assignari jussimus. Signum Ludouici Sereniss. Imper. Signum Lotharii gloriossimi Augusti. Durandus Diaconus ad vicem Fridogisi recognoui. Data III. Idus Septemb. Anno Christo propicio DCCCXXIX. XVI. Impery Domini Ludouici Sereniss. Imperatoris & Lothary Augusti VII. Indict. VII. Actum WORMACIÆ ciuitate publica, in DEI nomine feliciter, Amen.

A. 947.
Idem priuilegium OTTHO Rex renouauit Richouuoni Episcopo W. XIX. Kal. Februar. Anno Dom. Incarnat. DCCCCXLVII. Indict. III. Franckenfurt.

A. 861.
Copia der Stiftung zum Wisenstaig.

IN NOMINE Domini nostri IESV CHRISTI sit omnibus notum, tam prasentibus quàm & futuris, qualiter ego RVDOLFVS, pro augmento precum serenissimi Domini mei Regis LVDOVICI coxitans, & pro remedio anima mea vel parentum meorum, una cum voluntate & consensu ERICHI filij mei, & cum manu ipsius, sub presentia venerabilis Salomonis Episcopi, trado atque transfundo domino DEO Omnipotenti, & Sancto CIRIACO Martyri CHRISTI, talem locum hactenus visus sum habere in pago nomine Pleonungotal, hoc est ipsum locum qui vulgò dicitur Wisintesstaiga, juxta flumen Filisa, quodq, est situm in Grubingaro marco in Comitatu Warinhary Comitis, omnia sicut nunc in circuitu disterminata videntur, tam in agris, in syluis, cultis, & incultis, in adificiis, in pomarijs, in pascuis, in pratis, in aquis, aquarumq, decursibus, in molendinis, in noualibus, in adiacentiis, in finibus, cum mancipiis ita nominatis: Albger, Ratimi, Pertnum, Suuabolff, Erichart, Matherat, Altman, Othecar, Walachgrim, Engelman, Hilteprecht, Egelboit, Item Matherat, Meginbold, Ratolff, Wolfgang, Erimpert, Wacho, Ellinhart, Zeismund, Hemmo, Rantolff, Erfols, Aluuuing, Engelburg, Reginhart, Wichram, Watlind, Etgrim, Wermprecht, Amalhilt, Ruadhilt, Ellinburg, Luibsind, Thiuburg, Euburg, Erchintrud, Benedicta, Gunderun, Wiguurt, Austrat, Gundrud, Theodlind, Wiberat, Engildrut, Wolfsin, Ratiniza, Adalgund, Gestin cum filijs suis, Wilburg cum filiis suis, Reginburg cum filiis suis, Engilhart cum filijs suis, Eggibric cum filiis suis, Gunza cum filiis suis, Wezza cum filiis suis, Irnochtolff cum vxore sua et filiis, Abbo cum vxore sua, Richmund cum vxore & sua filiis, Sigibrant cum vxore & filiis, Sigmund cum vxore et filiis, Eggihart gibart cum vxore & filiis, Rithmund cum vxore & filiis, Willibracht cum vxore & filiis, Sigmar cum vxore & filiis suis. Similiter infra eandem marcam in pago supradicto, vbi flumen ipsud Filisa initium capit, supradicto Martyri Christi trado alterum locum cum agris & syluis, & quicquid ad eundem locum respicit, cum mancipiis istis: Ersini cum vxore & filiis suis, Eracker cum vxore & filiis, Hitto cum vxore & filiis, Heilfrid cum vxore & filiis suis. Nec non & tertium locum in ipsa marca trado Sancto CIRIACO in loco qui dicitur Tuiffental, cum adiacentiis suis, & mancipiis his: Erich cum vxore & filiis suis, Tuto cum vxore & filiis suis. Similiter trado supradicto Christi Martyri CIRIACO quartum locum in altero pago, qui dicitur Flina, hoc est villam illam, quæ dicitur Hohenstat, quicquid infra marcam ipsius villæ est, absq́; loco qui dicitur Weisteten, cum mancipiis his: Vadil cum vxore & filiis, Wisman cum vxore & filiis, Otokar cum vxore & filiis, Baldarich cum vxore & filiis, Isahart cum vxore & filiis, Stuiri Geuuinant cum vxore & filiis, Cucceth cum vxore & filiis, Heilhürt cum filiis suis, Silina cum filiis suis, Ruadpert cum vxore & filiis, Ata cum filiis, Meginhürt cum vxore & filiis, Hicca cum vxore & filijs, Wigolff cum vxore & filiis, Adalhart cum vxore & filijs, Hasso cum vxore & filijs, Danckholff cum vxore & filiis, Rimundt cum vxore & filiis, Eicho cum vxore & filiis, Item Rudbold cum vxore & filiis, Oterich cum vxore & filiis, Atnalin, Otmundt, Wolffdech, Item Otmundt. In quinto verò loco qui dicitur Westerhaim, similiter trado, hoc est medietatem ipsius Ecclesiæ, et quicquid in ipsa marca visus sum habere, cum mancipijs his: Waltila cum filiis suis, Wanpert cum vxore & filiis suis, Giselmunt cum vxore & filiis, Wolfgang cum vxore & filiis, Irraht, Hitta cum filiis. In sexto loco, qui dicitur Turnestat, quicquid ibi visus sum habere, cum mancipiis his: Inolff & Berchils vxor eius cum filiis. Similiter trado supradicto Martyri, quicquid Nekkergauue visus sum habere in locis ita nominatis: Nabera, Byssinga, Wytham, Nydlinga: cum mancipiis his: Folcmar, Racon, Rafolt, Deotheri, Luttind, Tencka cum filiis, Baldolff, Trabesan cum vxore & filiis, Deothils cum filiis. Item in pago, qui dicitur Filiuuusgauue similiter trado in villa nuncupata Isininga, quicquid in ipsa marca visus sum habere, cùm mancipiis his: Gundi cum vxore & filiis, Otleib cum vxore & filiis, Pernuuigman, Deotolff, Fililib. Item in Francia in pago qui nominatur LOBETENGAWE, in loco qui dicitur WINDENHAIM, vnam Ecclesiam ibi trado, & quicquid ad ipsam pertinet, cum mancipiis his: Otpert cum vxore & filiis suis, Sigifrid cum vxore & filiis suis, Wahtolff cum vxore & filiis suis. Item decimationem omnem de Milhusen, nec non & de Ditzenbach, & de Vsshusen, & de Mercklingen, trado atq́; firmiter transfundo sancto CIRIACO.

Hæc omnia, quæ superius comprehensa sunt, tam in mancipiis, quàm in agris, & syluis, cultis, & incultis, cum omnibus adiacentiis, iure ad ipsa loca superius scripta respicientibus, potestate mea, cum filij mei manu, trado firmiter S. CIRIACO, & ipsis Seruis Dei, qui ibidem astare noscuntur, hoc est de meo & filij mei iure, in illius sancti & Dei seruorum ius & dominationem, Eâ tamen ratione, vt ipsi serui Dei potestatem illarum rerum habeant, & post obitum meum filio meo Ericho censum talem singulis annis faciant, Hoc est, quando ad struitium pij Regis perrexerit, vnam Saumarincam onustum præstent, cum homine qui illum ducat. Similiter secunda vice faciant, si iter in hostem eodem anno contigerit. Et ab ipso filio meo Ericho *auxilium & defensionem habeant tempore vitæ suæ. Et similiter deinceps in optimo filiorum eius habeant, quemcunque ipsi in illa prosapia sapientiorem & Deum timentem probauerint, illi tantùm eundem censum singulis annis persoluant, Cæteris autem cohæredibus nihil. Quòd si forsan post hac ego ipse, quod absit, vel filius meus, seu filius ipsius, vel ullus hæredum nostrorum, seu ulla alia emissa seu opposita persona erit, quæ contra hanc chartam venire, vel eam mutare seu frangere conauerit, non obtineat effectum. Nec ullam aliam potestatem generatio mea super ipsum locum habeat, nisi sicut superius comprehensum est. Sed ipsi serui Dei inter se dignum Abbatem eligere potestatem habeant, Post obitum deinde* TVTAMMANI, *quem primum Abbatem cum domino Salomone Episcopo elegi, & loco præsenti præfeci. Quòd si ab ulla persona, ut jam dictum est, aliqua contrarietas surrexerit, potestatem habeant ipsi serui Dei cum Abbate suo pergere ad Episcopum, ad cujus diœcesim pertinet, & cum ejus auctoritate canonica & adiutorio superent prauorum conatum, vel si necesse fuerit, cum Episcopo rem coram Rege examinent.*

Et ut hæc traditio firma & stabilis permaneat omni tempore, cum stipulatione subnixa roboratur. Sign. Salomon Episcopus, sub cuius præsentia hæc acta sunt, & Fridepert Presbyter, Vndolff Diaconus, Eberhart Diaconus, Tutamman Abbas, Herimar Presbyter, Adalnot Presbyter, Irmpert Presbyter, Meginhart Presbyter, Gisalhart Presbyter, Hamadeo Presbyter, Gerhart Presbyter, Goßbert Presbyter, Erhart Presbyter, Otherich Presbyter, Heripert Diaconus, Walpert, Wighert, Pernheri, Trugheri, Heriwart, Adalmunt, Wiserich. Et isti sunt testes Laici, qui hanc traditionem viderunt & audierunt: Sign. ego RVDOLFVS *qui hanc traditionem cum manu* ERICHI *filij me feci & firmari rogaui: Sign.* ERICH, *Rudolff junior, Wald, Conzo, Hunzo, Hunolff, Vdelger, Reginhart, Ratpert, Pernger, Germunt, Erimpert, Goßhelm, Eigant, Amalpert, Isanpert, Sigerich, Raholff, Rantvvig, Perehtram, Deotpert, Amalhart. Item, Perehtram, Adal Oto, Iacob, Salaho, Willihart, Reginhart, Wigirich, Pebo, Adaluualt, Rudger, Wiserich, Meginheri, Suuidger, Suuanager, Giselpert, Pershtram, Egilpert, Hartman, Lantpert. Idem ipsi viderunt vestituram supradicti monasterij.*

Acta est hæc traditio in ipso loco Wisontesstaiga, *sub die octauo Idus Decembris, Anno ab incarnatione Domini* D CCC LXI. *Indictione decima, regnante Domino* LVDOVICO *Rege super Orientales regiones, Anno* XXVIII. *Regni ejus.*

Et ego Ermenricus rogatus scripsi & subscripsi.

A. 870.

Largitio LVDOWICI II. in
SEHEIM & BIKENBACH.

IN NOMINE *sanctæ & individuæ* TRINITATIS, HLVDOWICVS *diuina fauente gratia Rex. Notum sit omnibus sanctæ Dei Ecclesiæ fidelibus,*

MONVM. ANTIQVA.

tibus nostrisque, præsentibus scilicet & futuris, qualiter Nos ob nostra mercedis augmentum, & pro remedio animæ Domni avi & genitoris nostri, concessimus quasdam res proprietatis nostræ ad monasterium LAVRESHAM, quod est constructum in honore beatorum Apostolorum PETRI & PAVLI, vbi etiam requiescit corpore S. NAZARIVS: hoc est in pago RENENSE ad SEHEIM & BICCHVMBACH, cum omnibus ibidem adjacentiis vel pertinentibus, in mancipiis, terris, vineis, pratis, pascuis, sylvis, aquis aquarumve decursibus, exitibus & regressibus, mobilibus & immobilibus, quæsitum & ad inquirendum, totum & ad integrum, ex jure & dominatione nostra in jus & dominationem præfati sancti loci tradimus atque transfundimus, ea videlicet ratione, vt ab hodierna die & deinceps, per hoc nostræ auctoritatis præceptum, plenius in DEI nomine confirmatum, in vsus fratrum Domino ibidem famulantium perpetualiter permaneant absque alicujus contradicentis obstaculo. Quod si nunc Nos easdem res cum consensu & voluntate dilecti filij nostri KAROLI statim commutare possumus, hoc omnino desideramus. Si autem hoc esse nequiverit, tunc firmiter præcipimus atque jubemus, vt post obitum nostrum perpetualiter ibi permaneant absque alicujus molestia vel inquietudine. Et vt hæc auctoritas largitionis nostræ firmior habeatur, et per futura tempora à fidelibus nostris verius credatur, & diligentius observetur, manu propria nostra subter eam firmavimus, & anuli nostri impressione assignari jussimus. Heberhardus Cancellarius ad vicem Luitberti archicapellani recognovi & subscripsi. Data IIII. Non. Majas, Anno Christo propitio. XXXVII. Regni Domini HLVDOVVICI serenissimi Regis in ORIENTALI FRANCIA regnantis. Indictione VII. Actum LOBOTENBVRC.
CHRISTE protege H. LVDOVVICVM Regem.

S. DOMN. HLVDO-
VVICI SERE-
NISS. REGIS.

ANNO MCL.

RABODO Spirensis Ecclesiæ antistes, et duo Germani ejus, HARTMANNVS Comes de LOBEDENBVRC*, & OTDO Comes de ALZEHEIM*, fundum VTERNÆ-VALLIS* tradiderunt CHRISTO Domino nostro, ipsiusque genetrici B. Virgini MARIÆ, apud Herbipolim in præsentia CVONRADI Regis, pro instituenda ibi monastica disciplina &c. Ambitus verò eiusdem fundi, est à trita via qua ducit in vallem per ascensum rivuli qui vocatur BALTINESBACH, tendens sursum per ascensum montis qui dicitur BALTINESBERC vsque ad cacumen: inde transiens vltra vallem LIVBOLDESDAL vsque ad verticem montis, tendens ad CACENSTEIN, ac sic per deuexum montis in

LOBDEN-
BVRC.
f. ALTZ-
HEIM.
VTERS-
DAL.
Vulg. Eus-
serstall.

RAMSTAL: per ascensum verò eiusdem vallis in latere montis FRI-
NESHEIT sursum progrediens, ac per descensum CLINGENDEN-
BVRNE vsque in vallem vltra ripam per ascensum SICENDAL, ten-
LAMENS- dens in ALMENSBERC*, & tritam viam, progrediens in eadem via
BERC. vsque SPETHESHEIT, per descensum HAGESTALDESDAL
vsque in vallem descendens.   Sylua quoque adjacentis eidem fundo,
quæ vulgari lingua ALMEINDE nominatur, quam rustici frequen-
tant, communionem ad omnem vtilitatem, Fratribus tradiderunt, pastu-
ram animalium tam equorum quàm armentorum, ouium & porco-
rum.

Hæc traditio facta Anno Dom. Incarnat. MCL. Indict. XIII.
coram his testibus, Gebehardo Herbipolensis Episcopo, Eberhardo Babenber-
gensis Ecclesiæ Episcopo, Friderico Duce (postea Imperatore,) Landolfo viro
ingenuo de Gudenburc, cujus fidei creditum est ipse fundus, deferendus super
altare B. Mariæ in ipsa valle.

A. 1160.

DE CVRIA WOR-
MACIENSI.

IN NOMINE sanctæ & individuæ TRINITATIS. Servi servorum
Dei, fratres LAVRESHAMENSIS monasterij, vniversis Christi fidelibus tam futuris quàm præsentibus in perpetuum.   Quando in hoc vo-
cati, in hoc positi sumus, vt honori & profectui Ecclesiæ nostræ, cui Deo
auctore servimus, modis omnibus consulamus, necessariò compellimur in
dispositione possessionum & redituum ejus, & præsentium opportunitatibus
insistere, & futurorum quieti ac vsui prospicere.   Ea propter vniversitati
omnium fidelium notum esse cupimus, qualiter nos, totius Capituli nostri
consilio & conniuentia, partem curtis nostræ in Wormatia certis limitibus
à reliqua disterminatam, WERNHERO honorato & spectabili viro sub
annua pensione locauimus, ita duntaxat, vt ipse suiq; heredes eam bona fide & justo hereditatis titulo possideant, & in festo S. Remigij XX. solidos Wormatiensis monetæ exinde nobis annuatim persolvant.   Quòd
si præfixos terminos quocunque modo vel ingenio transgressi fuerint, siue
prætaxatam pensionem condicta die, vel certè intra XIIII. proximos dies,
solvere neglexerint, hereditatis ipsius jure & titulo perpetuò careant, &
præcisa omni repetitione, nullum de cetero ad ipsam recursum habeant.
Verùm vt hujus facti memoria in posterum commendabilius prorogetur,
nullaque deinceps præscriptione siue in deterius permutatione rescindatur,
cartulam hanc vtriusque partis munimentum & cautelam vnanimi consensu & subscriptione exinde confecimus, & Ecclesiæ nostræ sigillo, vt infra videtur, roborauimus, confirmante hoc ipsum idonearum atque proba-
bilium personarum oculata fide & testimonio; Quorum hæc sunt nomina:
Cunradus Wormatiensis Episcopus, Heinricus Lauresamensis Abbas,
Nibelungus Vicedomnus & Præpositus S. Pauli, Sigefredus Præpositus S.
Petri,

Petri, Cunradus Præpositus S. Andreæ, Cunradus Præpositus S. Cyriaci, Heinricus Decanus majoris Ecclesiæ, Heinricus Cantor, Meginhardus, Eberhardus, Gernodus, Canonici. De Ministerialibus Wormatiensibus, Sigefridus, & frater ejus Burckhardus de Steine, Giselbertus, Iohannes, Sigebodo, Ruggerus, Heinricus frater ejus, Adelhelmus, & fratres sui Gerlacus & Rubinzo frater ejus Ravewoldus, REGINBODO DE LOBEDENBURG*, Heinricus. De civibus, Hertricus, Dietmarus, Wernherus, Gerlacus, Eberhardus, Heinricus, Godebertus, Sigebodo, Iohannes, David, Wickardus & alij multi. De ministerialibus Lauruhamensibus, Cunradus, Bertholdus, Germodus, Burckardus, Hartliebus, Hildebertus de Wouenheim, Craft, Arnoldus, Giselherus, Hildericus de Befinsheim, Rumhardus & Ingram de Henfnesheim. Actum WORMATIÆ Kalend. Maij. Anno Dominicæ incarnationis MCLX. Indictione. Imperante gloriosissimo Imperatore FRIDERICO, Anno. Præsidente in Episcopatu Wormatiensi, Domino CVNRADO Episcopo, Anno : In Abbatia autem Laureshamensi Domino HEINRICO Abbate, Anno. Feliciter in Christo Amen.

*Reinbodt von Ladenburg.

Novellatio agrorum & pratorum in FIRN-HEIM: quam CVNRADVS Episcopus Wormaciensis locauit fratribus in SCHO-NAVVE.

A. 1168.

IN NOMINE DOMINI DEI Omnipotentis. CVNRADVS Dei gratia WORMACIENSIS Ecclesiæ Episcopus, vniversis Christi fidelibus tam futuris quàm præsentibus. Omnium quidem Dei fidelium sed maximè Pontificalis providentia est, servorum Dei necessitatibus consulere, & vt liberius ad pedes DOMINI IESV sedere, ac divinæ contemplationi jugiter inhærere valeant, circa ipsorum frequens ministerium satagere. Ea propter noverit vniversitas cunctorum Christi fidelium, ad præsens & in posterum; qualiter nos divinæ mercedis intuitu, & majorum Ecclesiæ nostræ rogatu persuasi, dilectis fratribus nostris in SCHONAVGIA novellationem agrorum seu pratorum quatuor aratris sufficientem in foraste ad VIRNHEIM pertinente, (cujus quidem fundus LAVRESHAMENSE monasterium, regalis verò bannus nostram respicit Ecclesiam) hilariter indulsimus, & præsentis scripti auctoritate confirmavimus. Præterea vt inter ipsos & ejusdem Ecclesiæ Parrochianos tottus contentionis & querimoniæ materiam perpetuò decideremus, ipsius præsentis Parrochiani consensu & confratrum nostrorum mediante consilio decrevimus, quatinus triginta casei singuli pretio Wormatiensis denarij loco decimarum, quas ibidem tam de fructibus quam de animalibus quoquo modo elici potuerint, præfato Parrochiano, suisque successoribus ab eisdem fratribus annuatim persolvantur; & præter hos duo casei similis pretij Episcopali cameræ ob facti memoriam inferantur, atque de reliquo ab omni decimarum seu ceterarum exactionum molestia quieti & immunes permaneant. Et ut huius nostræ concessionis & constitutionis auctoritas per futura tempora commendabilius prorogetur, atque inviolabiliter conservetur, paginam hanc exinde conscriptam sigilli nostri impressione roborari jussimus, & testes in quorum hac præsentia gesta sunt, ut infra videtur, assignavimus: Cunradus Wormatiensis Episcopus; Sigehardus Laureshamensis Abbas; Gernodus, Cunradus, Capellani; Orto Magister de Niuuhusen; Trutuuinus de Winenheim, Bertholfus de Besinsheim, Parrochiani; Rebuuinus Laureshamensis Decanus, Rudolphus Præpositus Michaelis, Lanzo Præpositus Petri; David, Gerungus, Monachi. De nobilibus, Gerhardus, Bertholdus, Godefridus, de Scouuenburck, Otto Sporo, Marquardus de Heinuels.

Actum LOBEDENBVRCK. Idus Iunij Anno Dominicæ
incarnationis MCLXVIII. Indict. I. regnante
gloriosissimo Imperatore FRIDERICO, Anno
XVI. Pontificatus verò Domini CVN-
RADI Wormaciensis Episcopi
Anno . Feliciter
in Christo,
Amen.

AD PAG. XIIII. XV. XVI.
TYPVS PARRALLELVS MVTATIONIS, quâ è veteribus Rhegii & Lupoduni nominibus hodie facta
REGENSBVRG &
LADENBVRG.

Rhegium, Anton.
Rheginum, Aimon.
Regino, Tab.
Reginacastra, Noticia.
Regina Ciuitas, Annal. Franc. & Fuld.
Reginoburgum
Reginonis-burgum

Reginauburg, Velser.
Reginesburg, Annal. Pith. } Theotiscè {

Reganesburg
Ragenesburg } Corruptè {

REGENSBVRG.

Lupodunum, Auson.

Lobodo.
Lobodocastrum.
Lobodunaciuitas.

Lobodoniuburgum, Francicè.

Lobdenburg.

Lobodenburg.
Lobetenburg.
Laudenburg.
LADENBVRG.

ERRATA.

Pagina Dedicationis primâ, lin. 2. lege: LADENBVRGI.
Ibidem pag. secunda, lin. 1. lege LADENBVRGI
Item linea. 20. & 21. lege: VVINDOHEIM non incertâ forte VVindogasti inter Legis Salicæ conditores IIIIviri patriâ reddidisset, vt titulus Ma...
Ibidem pag. quarta. lin. 14. lege: sub Vobis atauisque Vestris LAVDENBVRGI & LADENBVRGI
Fol. 13. lin. 16. lege: Weinbrum / Matt. F.
Fol. 22. lin. 14. à fine, lege pro *erumnitate*, *communitate*
Fol. 33. ad marginem pro A. 737. lege A. 137.

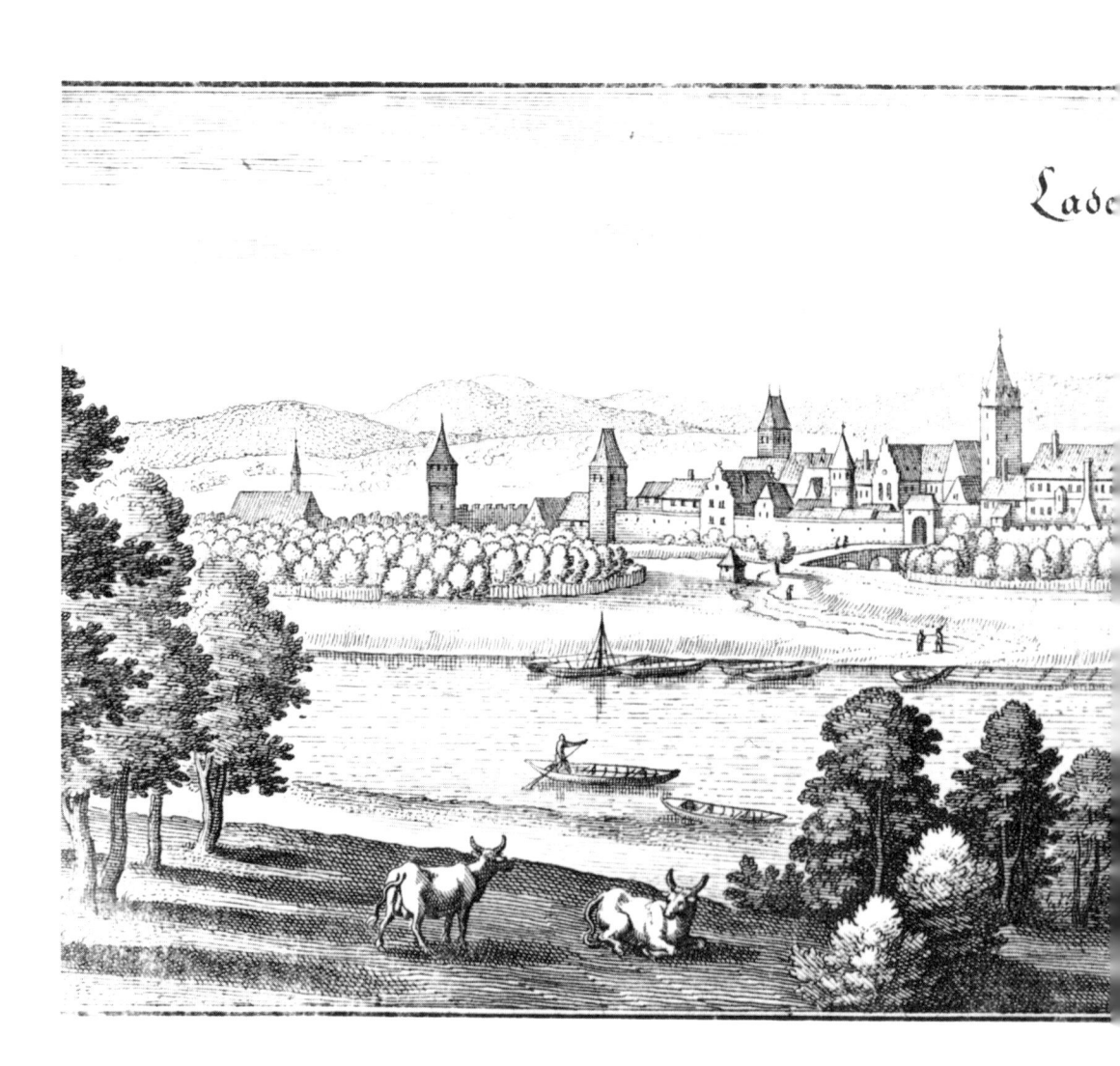

Ladenburg 1645, Kupferstich von Matthaeus Merian (Vorlage: Stadtarchiv Ladenburg)

Necker fl.

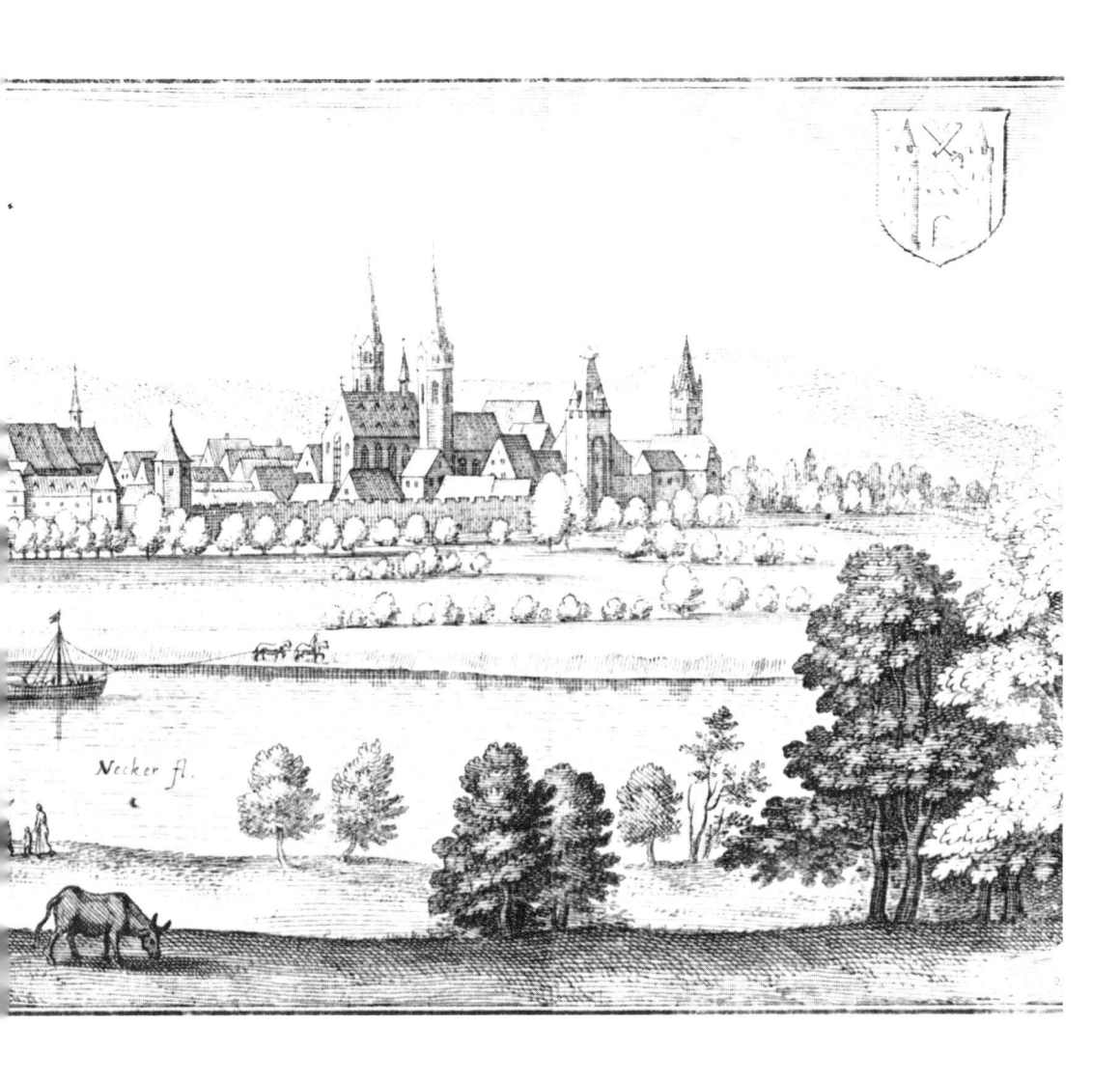

KURZER KOMMENTAR ÜBER LVPODVNVM, DIE ÄLTESTE STADT ALAMANNIENS

von

MARQUARD FREHER
seligen Gedenkens
KURPFÄLZISCHEM RAT
UND
VIZEPRÄSIDENT
DES HOFGERICHTES

AUSONIUS IN SEINER MOSELLA:[1]

NACHDEM DER FEIND GESCHLAGEN WARD AM NECKAR
UND BEI LADENBURG
UND AN DER DONAUQUELLE, DIE BISHER UNBEKANNT
DEN RÖMISCHEN ANNALEN BLIEB.

Mit Privileg auf fünfzehn Jahre durch den

REICHSVIKAR DES HEILIGEN RÖMISCHEN REICHES
GEDRUCKT MIT DEN LETTERN GOTTHARD VÖGELINS.

DEM SCHULTHEISS, RAT, DEN VIERTELSMEISTERN UND ÜBRIGEN BÜRGERN DER BERÜHMTEN STADT
LADENBURG

Das Büchlein, welches Marquard Freher über LVPODVNVM geschrieben hatte, ließ zwar die letzte stilistische Bearbeitung durch die sehr glückliche Hand des Verfassers vermissen, nicht aber jene Eleganz, die verdient, an das Licht der Öffentlichkeit zu treten. Auch schien die Darstellung selbst, die mit der Zuschreibung eines hohen Alters für diese eure Stadt befaßt ist, zumal deswegen, weil sie Kritiker gefunden hatte, den Wunsch zu beflügeln, daß eine ausführlichere Herleitung öffentlich zugänglich sein solle, wenn denn eine solche zur Verfügung stünde.

Sie konnte sich nicht damit zufrieden geben, unter anderem die berühmte Schlacht bei Straßburg und den Sieg Kaiser Gratians[2] über die Germanen zu entfalten, durch den das der Romania immerzu feindliche und gegnerische Barbarenland den Germanen endlich entrissen wurde. Denn dort waren nicht nur die diesseits des Rheines wohnenden Alamannen, die in Gallien eingefallen waren, besiegt worden, sondern auch die jenseits des Rheines siedelnden Franken und Sueben. Auf diese Weise war jener Sieg auch bis in die eigenen Gebiete der Barbaren am Neckar, der nach Sidonius die Franken mit seiner moosigen Welle bespült,[3] und bis zur Quelle der Donau vorgetragen worden, die bis dahin durch keinen Sieg eines römischen Kaisers bekannt geworden war, der verdient hätte, in den Jahrbüchern der Römer verzeichnet zu werden:

NACHDEM DER FEIND GESCHLAGEN WURDE AM NECKAR UND BEI LADENBURG
UND AN DER DONAUQUELLE, DIE BISHER UNBEKANNT DEN RÖMISCHEN ANNALEN BLIEB.[4] //

Hier wurden die Barbaren zuerst gänzlich von den Römern vertrieben, hier wurde jener Krieg völlig siegreich zu Ende geführt, von hier aus nämlich,

WO FRANKEN UND SUEBEN SICH MISCHEN, WURDEN DIE FEINDE ZUM GEHORSAM GEZWUNGEN, SO DASS SIE UNTER LATIUMS BANNER KÄMPFEN.[5]

Und von diesem Sieg bemüht sich Freher, die erste Nennung Ladenburgs in der Literatur herzuleiten, indem er jene an sich genauen Verse des Ausonius von der falschen Ortszuweisung, der Unkenntnis und der poetischen Freiheit in solchen Dingen befreite, freilich in der Weise, daß er - soweit ich mich erinnere - an keiner Stelle behauptet, niemand käme ihm selbst gleich in dieser Art der wissenschaftlichen Kritik, oder, (was ihm entgegengehalten wird), daß seine Vermutungen die durchschlagendsten und stärksten Argumente aufwögen. Denn er ist mit maßvoller Freude zufrieden, wenn er etwas von den Geheimnissen des Altertums aufdecken konnte.

Hier liegt also der vollständige kurze Kommentar Frehers über Ladenburg vor, einschließlich von Textzeugnissen aus der Frankenzeit, darunter das erste von König Dagobert, und zwar in der Kürze, mit der ihn sozusagen das Schicksal geschlagen hat. Ein als Anhang beigegebener Titel im Manuskript versprach eine reichhaltigere Abhandlung auch über zwei nicht weit von hier gelegene Orte, nämlich den fränkischen Königshof TRIBVRIA,[6] ebenso über WINDOHEIM,[7] den sicher zu bestimmenden Heimatort des Windogast, eines der vier Gründungsherren des Salischen Gesetzes. Aber ein Zufall oder der plötzliche Tod des Verfassers scheint dies und anderes den nachfolgenden Generationen vorenthalten oder vielmehr als Aufgabe hinterlassen zu haben, die auf den von ihm geschaffenen Grundlagen bei der Erforschung der Spuren und Überreste des Altertums weiter zu verfolgen ist.

Denn auch die weitere wechselhafte Geschichte, die die berühmte Stadt - wie es dem Schicksal[8] der Menschen entspricht - erlitten hat, blieb dem Verfasser nicht verborgen. Er fand immer wieder in den Dokumenten im Frankenreich *LOBODVNA*, eine königliche Stadt wieder, und ebenso den König und das städtische Gemeinwesen von der Art, welche kaiserlich blieb und heute Reichsstadt genannt wird, und er brachte aus den alten Schriftdenkmälern in Erfahrung, daß diese Stadt von König Dagobert, der auch seinen Königshof Neuhausen bei Worms dem heiligen Dionysius geweiht hatte, dem Erzbischof Amandus von Worms // übereignet wurde;[9] weiter, daß diese Schenkung von den Königen Pippin, Karl und Ludwig nach der Übertragung der Erzbischofswürde[10] den Bischöfen Ermbert[11] und Samuel[12] (der später beschloß, die bisher dem heiligen Dionysius geweihte Kirche der Ehre des Erlösers, der allerseligsten Jungfrau und des heiligen Märtyrers Cyriakus zu überschreiben und zu weihen) bekräftigt worden sei. Von deren Nachfolgern sei sie nach einem langen Zeitraum zuerst den Sponheimer Grafen[13] unter festen Vertragsbedingungen verpfändet worden und habe ein sehr wechselvolles Schicksal erlebt. Er entnahm ferner den Archiven, daß sie endlich den Pfalzgrafen bei Rhein zu ewigem Recht teilweise verkauft worden sei. Und er schätzte es niemals als unwichtig ein, daß sie durch die Verlegung der Residenz unter Bischof Eckard,[14] unter dem auch der Wormser Klerus in diese Stadt umzog, ebenso unter Johann von Dalberg[15] und anderen vor und nach ihm bis auf den heutigen Tag wiederum geadelt worden sei. So kann auch kein Zweifel bestehen, daß, wenn der höchste Richter über Leben und Tod aller Menschen gewollt hätte, daß Freher noch länger die Tage dieser Welt hätte sehen können, er diesen Kommentar über Lupodunum durch einen großen Zuwachs an Informationen über die wechselhafte Geschichte der Stadt weitaus umfänglicher gestaltet haben würde. Jetzt aber bleiben alle diese Geschehnisse den lebenden und künftigen Erforschern des deutschen Altertums als Untersuchungsaufgabe, wenn Gott einigen von ihnen, die er mit Verstandesschärfe begabt hat, um die verborgenen Geheimnisse des Altertums zu erforschen, die Muße dazu gibt,[16] daß sie sich dieser zugleich höchst edlen und für das Gemeinwesen äußerst fruchtbaren Aufgabe lobwürdig widmen können.

Unter diesen muß rechtens niemand eher dafür Sorge tragen als diejenigen, deren Heimat und Wohnung diese Stadt ist und deren Eltern, Großeltern und Vorfahren sie durch die Reihe so vieler Jahrhunderte hervorgebracht, als ihre Kinder ernährt und sie schließlich auch in ihrer Erde aufgenommen und sie mit ihr bedeckt hat - und sie wird auch nicht aufhören, deren Nachkommen dieselben Wohltaten zu erweisen und sie zu hegen (das wünsche und hoffe ich jedenfalls mit euch). Dies bedeutet, einer von euch oder euren Kindern sollte diese Aufgabe übernehmen. Obwohl ihr freilich aber zu unserer Zeit von der höchst milden Amtsgewalt der Beamten beider Oberherren (des Kurpfälzers und des Bischofs von Worms), die euch nach innen den Bürgermeister, nach außen

Vögte gibt // geleitet werdet und euer Gemeinwesen blüht, so daß diese Stadt eher ihnen zu eigen zu sein scheint als euch, und obgleich sich so mehr der Herr als der Untertan zu freuen scheint, wenn an Städten ihr Alter geehrt wird, so trifft dieser Ruhm in Wirklichkeit auch für euch Bürger ganz besonders zu, die ihr dieses Gemeinwesen bildet. Es ist nämlich am meisten unter allen Sache dessen, sein Alter zu kennen, der begehrt, seinen Vorzug zu genießen. Ich meine den Ruhm, der dieser ältesten Stadt des alamannischen Gebietes schon seit alters und ununterbrochen bis auf den heutigen Tag zuteil geworden ist. Ihr Name ist genau bekannt und steht deutlich vor Augen, hieß sie doch bei den Römern LVPODVNVM, bei den Franken LOBODVNA CIVITAS und LOBODO CASTRVM, bei euren Vorfahren (wie es heute noch beide Siegel der Stadt, das kleine und das größere, bezeugen), LOPDEMBURG und LOBDENBURG und bei euch und euren Voreltern Ladenburg.

Eben diese Überlegung bewog mich, diesen kurzen Kommentar, der ausdrücklich das Alter eurer Stadt aufdeckt und beweist, nachdem seine Veröffentlichung ganz allein zu meinen Lasten und auf meine Kosten geht, der üblichen Sitte entsprechend euch zu dedizieren. Ich übergebe euch diesen Kommentar in vollem Vertrauen darauf, daß ihr und eure Nachkommen ihm gegenüber die Dankesschuld bewahren und ihn hinkünftig nicht nur vor dem Vermodern bewahren, sondern auch vor Angriffen anderer schützen werdet. Er ist nämlich nicht nur von seinem Inhalt, sondern auch seinem Verfasser her, einem bei den großen Herren wie bei den Gebildeten außerordentlich geschätzten Mann, immer lieb und wert und bringt euch und euren Nachkommen auch in Zukunft großen Ruhm ein.

Im Jahre 1618
Gotthard Vögelin. //

ELEGISCHES GEDICHT VON RICHARD HEMELIUS[17] AUF DIESE HISTORISCHE UNTERSUCHUNG MARQUARD FREHERS

O Stadt Ladenburg, bekannt durch einen ausgezeichneten Ruf,
  du liegst an den Ufern des sanft hinströmenden Neckars.
In alter Zeit haben zahlreiche tapfere Taten berühmter Männer
  dein Lob ertönen lassen.
Der Alamanne legte deinen Grundstein und baute dich aus
  mit neuen Türmen, Toren und Mauern.
Danach besetzten dich die Römer, die die ganze Welt regierten,
  und bewohnten deine Häuser.
Den Römern entwand dich darauf die fränkische Jugend,
  (wie die meisten Städte am Rhein), mächtig im Kriege.
Und seit jener Zeit schützt dich der Pfälzer Kurfürst
  mit seinem milden Regiment.
Sei mir, du liebe, gegrüßt, und freue dich vielmals, daß Freher
  deine Taten aus der Dunkelheit ans Licht holte,
der Historiker, gewiß vor anderen der berühmteste,
  würdig, daß man seine Haare mit einem goldenen Kranze schmücke. //

AN LADENBURG, DIE HEIMAT.
EIN SCAZONTISCHES GEDICHT.

Wenn meine Leier Anmut hätte oder Ehre fände,
Ladenburg, du süße Heimat und Herzstück deines Landstriches,
ließe ich nicht zu, daß deine Lage unbekannt und im Dunkeln
bliebe,
sondern würde dich mit mir nehmen zu den leuchtenden Sternen
hinauf
in wohlklingendem, glänzendem und ausgefeiltem Vers.
Nun kann ich aber, du weißt es ja selbst, überhaupt nichts
vernehmen lassen,
was kundigen Ohren gefallen könnte.
Nur ein unbedeutendes, dummes, langweiliges, bäurisches
und geistloses Gedicht bringe ich zustande,
so wie ein trockener, unbedeutender und elender Dichterling
die offenen Ohrmuscheln zu traktieren pflegt.
Gleichwohl wirst du niemals, niemals bei Herkules, vergehen,
ohne daß von dir gesprochen worden wäre.
Denn Freher, jener kluge Beurteiler der alten Zeit
wird dich auf dem geflügelten Wagen ewigen Ruhmes zu den
Sternen tragen.
Ihm ist es zuwenig, nur deinen Namen,
der von einer schmutzstarrenden Staubwolke verdeckt war,
aus den Archiven der Alten sorgfältig aufzudecken.
Er will dich vielmehr zugleich von allen Seiten neu beleuchten,
gleichsam wie ein zweiter Phoebus aufstrahlend.
Sei also gegrüßt, o meine Mutter, die du mich hervorgebracht hast,
und erkenne mit geneigter Stirn deinen Anwalt an,
der dich auf neue Weise auszeichnet und deinen Ruhm mehrt.

Im Jahr CHRISTI 1605 [richtig: 1615]

THEODOR RHODIUS, gekrönter Dichter.[18] //

KURZER KOMMENTAR
ÜBER LVPODVNVM,
DIE ÄLTESTE STADT ALAMANNIENS.

Der Rhein, der Vater der Ströme, bildete zusammen mit der Donau nach Norden die Grenze des Römischen Imperiums und war die Schutzmauer und die Verteidigungslinie Germaniens gegen jene bekannten Plünderer der ganzen Welt, und nur sein linkes Ufer war römisch. Auch Caesar konnte ihn nicht überwinden. Nur für eine kurze Zeit wirkte der Sieg des Drusus, über den Florus im letzten Kapitel des vierten Buches berichtet: *Als Sieger ließ Drusus entlang dem Rheinufer mehr als fünfzig Kastelle errichten. Diese Freude dauerte nur kurz* (wie er weiter anfügt), *und nach der Niederlage des Varus machte die römische Herrschaft am Rhein halt.*[19]
Später wünschten die Römer zwar immer und versuchten auch, sich beide Ufer zu unterwerfen, und die Dichter sagten ihnen das auch in ihrer schmeichlerischen Art voraus, so Martial im zehnten Buch (10,7):
Rhein, du Vater der Nymphen und Flüsse,
Die odrysischen Reif und Nebel trinken,
So möge immer dein Wasser flüssig strömen
Und nicht irgendein Ochsentreiber schmachvoll
Mit barbarischem Rade dich befahren;
So mögst goldene Hörner du empfangen
Und, ein Römer an beiden Ufern, wallen:
Wie Trajan du der Stadt und seinen Völkern
Wiederschickst auf des Herren Tiber Bitte.[20] /1/
Aber mochten sie auch noch so oft versucht haben, den Rhein zu überschreiten, und ebenso oft zurückgeschlagen worden sein, gelang es ihnen dennoch nicht, ihre Herrschaftszeichen dauerhaft dort zu errichten. Deshalb ließ nicht nur (Abraham) Ortelius,[21] der gelehrteste unter den Geographen, in seiner Karte des alten Germanien und des Römischen Reiches die Region jenseits des Rheines[22] zu Recht leer, sondern auch die unschätzbare *Tabula Peutingeriana*,[23] die die Bezeichnungen *Franken, Suebien, Alamannien* und *Sarmatien* gewiß nicht mit dem Neckar verbindet, der noch lange ein freier und 'barbarischer' Fluß Germaniens und Alamaniens blieb. Er war den Römern unbekannt, und es gibt

infolgedessen keine ältere Erwähnung dieses Stromes wie auch des Maines - weder bei Ptolemäus,[24] noch Strabo,[25] noch Plinius,[26] noch Plutarch[27] - als bei dem Panegyriker[28] des Konstantin, der die von Konstantin erbaute Kölner Rheinbrücke rühmend erwähnt und ausführt: (Aber es scheint dir schön), *wie der Rhein nicht nur in seinem Oberlauf [...], sondern auch dort über eine Brücke betreten werden kann, wo er seine volle Breite erreicht und mehrere Ströme aufgenommen hat, die dieser unser gewaltiger Fluß, der barbarische Neckar und der Main ihm zugeführt haben.*[29]

Dies ist um so verwunderlicher, als Germanien von Italien und Roms Bauten nicht so weit entfernt ist wie gegen Osten Asien, Afrika und Ägypten und gegen Westen und Norden Gallien, Britannien und Spanien.

Schließlich schreibt Vopiscus über den Kaiser Probus,[30] er habe, *als nach dem Tod des Aurelianus die gallischen Provinzen gänzlich im Besitz der Germanen gewesen seien und diese ungehindert auf der römischen Uferseite herumstreiften, sechzig bedeutende Gemeinden in Gallien wiedergewonnen, unzählige Feinde getötet und deren Überreste weit von den Ufern des Rheins über den Nekkar und die Elbe zurückgeworfen. Auch habe er ihnen die römische Beute mit 'Verzinsung' wieder abgenommen.* Er fährt fort: *Im Gegenzug errichtete er auf barbarischem Boden römische Städte und Lager und legte in sie militärische Besatzungen. Für alle Truppen jenseits des Rheins, denen er den Wachdienst übertrug, ließ er Felder bebauen, Getreidespeicher anlegen und versorgte sie mit einer jährlichen Ration.*[31] /2/

Diesen Sieg des Probus preisen Vopiscus und Probus selbst in einem Brief an den Senat nach ihrer eigenen Art und der von Siegern in den höchsten Tönen.[32]

Etwas weniger ausführlich schreibt der Geschichtsschreiber der Franken Hunibald (der uns nicht vollständig erhalten ist):

Im neunzehnten Jahr der Regierung des Königs Clodius kamen erneut die Römer unter dem Oberbefehl des Probus und vertrieben die Franken wieder aus Gallien. Denn sie hatten einen großen Teil des inneren Galliens sieben Jahre hindurch besetzt gehalten. Dabei wurden auf beiden Seiten im Kriege nicht wenige niedergestreckt und getötet.[33]

Dem Beispiel des Probus folgte mit gleichem Erfolg Maximian,[34] der Amtsgenosse des Diokletian, der seine Feldzeichen siegreich in unser Gebiet trug, entweder als er bei einer Expedition über den Rhein glücklich vorrückte, oder als er von Rhätien aus das römische Machtgebiet ausbreitete. Darauf beziehen sich folgende Worte des Panegyrikers an Maximian: *Vor kurzem drangst du in den Teil Germaniens ein, der den Rhätischen Provinzen gegenüberliegt, und mit ähnlicher Tatkraft erweiterte der Sieg das Gebiet Roms.*[35]

Und in der Geburtstagsrede auf denselben lesen wir: *Ich schweige von den Siegesdenkmälern über die Germanen, die mitten im Barbarengebiet aufgerichtet wurden. Ich rede nicht davon, daß die Reichsgrenze in Rhätien durch eine plötzliche Niederlage der Feinde ausgedehnt werden konnte. Ich übergehe die Verwüstung Sarmatiens. Ich erwähne nicht, daß die Franken und ihr König kamen, um Frieden zu erbitten und daß der Parther Euch mit prachtvollen Geschenken schmeichelte.*[36]

Und später sagt er:
Der Siegerkranz, erworben durch den Sieg über die Völker, die Syrien bewohnen, und jener Rhätische und Sarmatische Kranz ließen dich, Maximian, in rechter Freude triumphieren.[37]

Und schließlich äußert er sich an derselben Stelle: *daß (die barbarischen Volksstämme) Eure Sarmatischen, Rhätischen Feldzüge und die über den Rhein, von Raserei erfaßt, gegen sich selbst nachahmen.*[38]

Ebenso heißt es in einer anderen Lobrede auf diesen Maximian oder auf Konstantin (denn sie wird verschiedenen Adressaten zugeschrieben):

Nachdem der Parther über den Tigris zurückgeworfen und Dakien wiederhergestellt worden war, nachdem die Grenzen der Germanischen und Rhätischen Provinzen bis zur Quelle der Donau vorgeschoben worden waren und nachdem Britannien und Batavien bestraft worden waren, verlangte das Gemeinwesen, das vergrößert worden war und weiter vergrößert werden sollte, nach einer bedeutenderen Leitung.[39]

Libanios sagt in seiner *Klagerede über Kaiser Julianus*: /3/
O wohlklingende Nachricht, die Fama vom Westen bringt und mit ihr die Städte glücklich macht: Sie berichtet von Kämpfen und Triumphen, vom Segeln auf dem Rhein, vom Töten der Kelten und von

der Gefangennahme vieler, von der Befreiung der Römer, die zuvor in Gefangenschaft geraten waren, vom Tribut, den die Feinde entrichten müssen und von der Wiederaufrichtung dessen, was zusammengestürzt war.[40]

Es ist schon von Gewicht, daß ein Denkmal dieses Sieges in Ladenburg selbst erhalten und im Bischofshof zu besichtigen ist, ein Stein mit einer Namensinschrift der genannten Kaiser. Wir haben ihn im vierten Kapitel des ersten Teils unserer ORIGINES PALATINAE wiedergegeben.[41]

Unter diesen Kaisern also ist offensichtlich die vordere Grenze des Römischen Reiches bis zum Neckar vorgeschoben worden und römische Städte und Feldlager auf diesem alamannischen Boden errichtet worden. Weiter kann man nach einer Bemerkung des Beatus Rhenanus am Ufer des Neckars an einigen Orten noch heute beachtliche Spuren des römischen Altertums sehen. Dort hat man gewiß Festungswerke für Schutztruppen errichtet wie bei Ettlingen (Esslingen?), Wimpfen, Rottenburg und anderswo.[42]

Aber auf dem Berg zur Rechten unseres Heidelberg (man nannte ihn später *Abrinsberg*)[43] und in der Stadt Ladenburg bezeugen Ruinen die Ehrung römischer Kastelle und Wachposten und Inschriften das Andenken an die Heerführer, wie von uns an anderer Stelle dargelegt wurde.[44]

Denn die Germanen haben - wie glaubhaft berichtet wird (auch wenn es keinen Hunibald geben würde) - nicht Ruhe gegeben, sondern das ungewohnte Joch abgeschüttelt: sei es durch eine Überquerung des Rheins oder durch einen Ausfall aus Rhätien; ebenso ist Ammianus Marcellinus[45] Gewährsmann dafür, daß etwa achtzig Jahre später wiederum Kaiser Valentinian[46] mit siegreichen Waffen über den Rhein bis zum Neckar vorgedrungen sei, und er erwähnt besonders zwei gewaltige Bauwerke, die er im Barbarengebiet habe errichten lassen. Aber es dürfte sich wohl lohnen, die ganze Stelle anzuführen:

Aber Valentinian nahm große und nützliche Vorhaben in Angriff: den Rhein ließ er in seinem ganzen Lauf, beginnend mit dem Rhätischen Gebiet (wo seine Quellen liegen) /4/ *bis zum Meer, durch große Eindämmungen befestigen* (so wie Valens die Donau⁴⁷); *die Militärlager ließ er höher bauen* (und ergänzte sie durch geeignete Wachstationen⁴⁸), *ebenso Kastelle und hohe Wachtürme an bebaubaren und geeigneten Stellen auf der ganzen Länge der Gallischen Provinzen*. Eben diese sind die den Römern bekannten Siedlungen auf dem linken oder Gallischen Rheinufer: Straßburg, Ehl, Brumath,⁴⁹ Seltz,⁵⁰ Speyer, Oppenheim⁵¹ (Neumagen?), Worms, Bingen, Boppard, Koblenz, Andernach, Bonn, Neuss, Gellep und Battenberg.⁵² *Bisweilen ließ er auch jenseits des Flusses Festungswerke errichten und schnitt sie sozusagen in das Gebiet der Barbaren ein.* (Dies sind die auf der rechten Flußseite am Germanischen Ufer auf den Erhebungen am Rhein und auf den Berggipfeln weithin zu findenden zumeist runden Türme, deren Bauart und Beständigkeit die Römer als Baumeister bezeugen und an dieser Stelle angeführt werden sollen: bei Stein, Rüdesheim, Ehrenfels, Kaub, Katzenelnbogen, Lahnstein, Helfenstein, Engers, Linz, Deutz und Kaiserswerth). *Als er schließlich die Befestigungsanlagen für hoch und sicher genug hielt, die er selbst von Anfang an errichtet hatte* (an der Stelle, wo heute *das Dorf* liegt), *dort wo der Neckar vorbeifließt* (und sich mit dem Rhein oberhalb des Kastells vereinigt - anderswo ist vom Main die Rede), *gedachte er den Lauf* (des Nekkars) *zu verändern, weil er glaubte, die Befestigung könne allmählich durch den gewaltigen Wellenschlag unterhöhlt werden.* (Wo hat also Valentinian das Kastell errichtet, wie es zuvor Vespasian unterhalb von Mainz am Zusammenfluß von Rhein und Main getan hatte und andere anderswo, weil Zusammenflüsse besonders günstige Plätze bieten? Unterhalb der Stelle, wo er heute hineinströmt, oder eher bei Mannheim, weil er von einer beiderseitigen Uferbefestigung des Rheins spricht? Mannheim liegt ja am rechten Rheinufer und wird vom Neckar bespült, der sich in den Rhein entlädt.) *Er suchte erfahrene Wasserbau-Ingenieure /5/ und eine große Anzahl Soldaten, und unternahm ein gewaltiges Werk. Viele Tage lang nämlich wurden aus Eichenstämmen zusammengefügte Bauteile, die man in das Flußbett eingelassen hatte mit gewaltigen Stämmen, die man fest eingerammt hatte und die sich wiederholt lösten,* (Palisaden: Man findet sie heute bei der Brücke der Burg) *von den sich erhebenden Wassermassen zerstört und von der Gewalt des Strudels weggerissen und unterbrochen.* (So kann auch heute an einigen Stellen der Fluß gewaltig wirken, besonders wenn er von Regengüssen angeschwollen ist, so daß er einige Dörfer, Seckenheim und die Heidelberger Brücke zum Teil zerstörte und anderen mit Verwüstung drohte.) *Aber der unbändige Wille des Kaisers siegte* (es gibt heute noch zwei Kaiserswerth bei Mannheim)[53] *und die Mühe des ihm gehorsamen Soldaten, der während der Arbeit oft bis zum Kinn im Wasser stand. Endlich wurde das befestigte Lager nicht ohne Lebensgefahr für einige der Arbeitenden dem unruhig fließenden gewaltigen Strom abgetrotzt* (etwa um Mannheim, heute wird es *das Schädliche Eck* genannt)[54] *und mächtig errichtet* (heute ist die Befestigung noch stärker dort, wo von den Pfälzern über der alten Mündung des Neckars eine Burg errichtet wurde.)[55]

Ich möchte annehmen, daß damals zuerst die Römer in unseren Landstrich, den wir bewohnen, ihren Fuß gesetzt haben, und daß sie nicht nur bei Mannheim und Ladenburg ihre Lager hatten, wo noch Steindenkmäler an sie erinnern, sondern auch auf dem Abrinsberg (und wer weiß, ob nicht auch auf dem *Mons Pyri*?). Dort befinden sich die Überreste eines alten Kastells und jener bedeutende Stein, in den unter anderem ein Bild der Siegesgöttin eingemeißelt ist und der von den Militärbefehlshabern Iulius Secundinus und Iulius Ianuarius aufgestellt wurde. Abbildungen von ihm finden sich an dem oben angegebenen Ort unserer *ORIGINES PALATINAE*.[56]

Gratian,[57] der Sohn Valentinians und Teilhaber an der Herrschaft im Westteil des Reiches, warf sich noch zu Lebzeiten seines Vaters in ganz jugendlichem Alter, als er merkte, daß eine Unmenge von Feinden in das römische Gebiet eingedrungen war, mit zahlenmäßig weit unterlegenen Streitkräften gegen den Feind *und beendete den furchtbaren Krieg bei Straßburg, einer gallischen Stadt, /6/ mit unglaublichem Glück* (das sind die Worte des [Paulus] Diaconus).[58] Denn man berichtet, er habe in dieser Schlacht mehr als dreißigtausend Alamannen unter sehr geringen eigenen Verlusten getötet. Und er ließ es nicht bei diesem Sieg bewenden. Er verfolgte vielmehr die Alamannen weit über den Rhein und schlug sie über den Neckar zurück, so daß sie nach Verlust beider Grenzen gezwungen waren, sich ins Innere Germaniens und des Suebenlandes und in die Einöden der Wälder (die später Odenwald ge-

nannt wurden) zurückzuziehen. Ausonius bemerkt dazu in einem Epigramm:
[ich will, daß nunmehr die Kunde zum Schwarzen Meer eilt, daß Valens, der zweite Schützling der Himmlischen erfährt], *daß die Sueben durch Tod, Flucht und Flammen vernichtet, zugrunde gegangen sind, und der Rhein für die Gallischen Provinzen keine Grenze mehr bildet.*[59]
Derselbe führt im Panegyricus an diesen Gratian aus: *Wir danken dem überaus tapferen Kaiser. Zeuge dafür sind die in einem einzigen Jahr befriedeten Grenzen von Donau und Rhein.* Und weiter unten fährt er fort: *Nenne ihn* [mit dem Siegerbeinamen] *Germanicus, da dessen Völker sich ihm ergeben haben; nenne ihn Alamannicus, da die Kriegsgefangenen übergeben wurden, und Sarmaticus, weil er sie besiegt und ihnen verziehen hat.*[60]
Aber auch nach Gratian und Valentinian spricht Pacatus Drepanius[61] in seinem Panegyricus auf Kaiser Theodosius: *Soll ich das in Angriff nehmen, was der Rhein gesehen hat? Schon wird sich mir die Donau vor Augen stellen, blutrot von den gefallenen Sarmaten. Soll ich von dem Bataverland berichten, das von Infanteriekämpfen ganz verwüstet ist? Der Sachse wird mir vorgehalten werden, der in Seegefechten vernichtend geschlagen wurde. Soll ich von dem Scoten sprechen, der in seine Sümpfe zurückgestoßen wurde? Begegnen dürfte mir der Alamanne mit all seinen Leuten und beide Maurenvölker, die in ihre unwegsamen Wüsteneien zurückgetrieben wurden.*
Nach diesem spricht auch [Claudius] Claudianus von seinem Stilicho und von seinem Honorius.[62]

Gratianus selbst aber feierte zusammen mit seinem Vater wegen dieses Sieges nach Beendigung des Germanenkrieges einen feierlichen Triumph in der berühmten Stadt Trier, die nach Rom von den Kaisern zu dieser Zeit besonders wert gehalten wurde und sie veranlaßte, ihren Regierungssitz über die Alpen zu verlegen. Dies pries Ausonius in seinem herrlichen Gedicht über die Mosel in folgenden Versen:
Doch nicht die Wogen allein sind [der Mosel] *einz'ger Schatz,* /7/ *auch dies ist schätzenswert, daß sie von Trier, der Kaiserstadt, von ihren Mauern kommt,*

und dort des Vaters und des Sohnes gemeinsamen Triumph erblickt hat,
nachdem der Feind geschlagen ward am Neckar und bei Ladenburg und an der Donauquelle, die bisher unbekannt den römischen Annalen blieb;
von hier kam eben erst der Lorbeerzweig, der von dem Kriege meldet, den ein siegreiches
Heer zu Boden schlug...[63]
Eben jener Ausonius, der aus einem keineswegs ungebildeten Geschlecht stammt, wie aus der ganzen *Mosella* deutlich wird, sagt, die Germanen seien über den Neckar und die Quellen der Donau in ihr Kerngebiet zurückgeschlagen worden. (Diese Erwähnung des Neckars ist die zweite bei römischen Autoren)[64]: Dies hat er später noch in weiteren eleganten Versen gerühmt.[65]
Mit dem Neckar verbindet er Lupodunum als einen Ort, der im Barbarenland bekannt und berühmt sei. Aus ihm habe man die Germanen vertrieben. Da freilich dieser Ort nirgendwo anders beziehungsweise nur einmal in der Antike erwähnt wird, ist die Untersuchung, welches dieser Ort ist und wo er liegt, nicht weniger schwierig als für Deutsche wertvoll und, wenn sie ihre Ursprünge erforschen und sich den Ruhm ihrer Vorfahren angelegen lassen sein wollen, beinahe notwendig.

Und ich wollte, daß der Mann, der sich sonst sehr um die Wissenschaft verdient gemacht hat und ganz besonders glücklich sich der Erforschung der Germanengeschichte gewidmet hat, von dieser Stelle die Hände weggelassen hätte oder wenigstens weniger bestimmte Behauptungen über eine Sache, die noch keineswegs gewiß war, aufgestellt hätte. Hätte er doch lieber etwas anderes getan als folgendermaßen zu schreiben:
Das Gedicht des Ausonius ist an der Stelle schlecht überliefert, wo man in den Ausgaben liest: NICRVM SVPER ET LVPONDVM. Wenn du wissen willst, was es mit LVPONDVM auf sich hat, dann magst du wissen, (soweit ich vermutungsweise es bestimmen kann), daß Lupondum oder Lupodunum heute die Burg ist, die von unseren Landsleuten jetzt LVPF(EN)[66] *oder Luponum genannt wird. Von ihr leitet die hochadlige Grafenfamilie dieser Region ihren Namen her. Sie wurde im Jahr 1416 auf Befehl Kaiser Sigismunds und des Kon-*

stanzer Konzils zerstört. Aber ihre Ruinen zeigen an, eine wie bedeutende Festung sie gewesen ist, die zweifellos einst von den Römern gegen die Alamannen für Grenztruppen errichtet wurde. /8/ Vor kurzem nahm ich sie selbst im einzelnen in Augenschein, als ich aus Augsburg durch den Schwarzwald zurückkehrte[67] und ich den stromschnellenreichen Neckar wegen der häufigen Talkrümmungen sehr oft zu überqueren gezwungen war. Von dem Ursprung des Neckars und der Burg Lupondum ist die Quelle der Donau nicht sehr weit entfernt. - Über dessen Quelle sollen ja - wie Ausonius singt - die Alamannen zurückgeschlagen worden sein. Denn SVPER (an) setzt er für VLTRA (jenseits), wobei er merkt, daß dort die Grenze von Rhätien und Germanien ist, an der Donauquelle nämlich. Denn sie wurden nicht über die Donau zurückgeworfen. Sonst wären sie in Rhätien eingedrungen, welches römische Provinz war.[68]
Aber auch Wolfgang Lazius schreibt: *Der Neckar allein entspringt im Grenzgebiet der Provinz Rhaetica prima und des Martianischen Waldes, den wir Schwarzwald nennen, nicht weit von der Reichsstadt Rottweil, wo man auch die Ruinen der uralten Burg Lupfen(berg) sehen kann. Von ihr stellt der sehr gelehrte Beatus Rhenanus nicht ohne Scharfsinn fest, daß sie Lupondum gewesen sei.*[69]
Ach, wie viel gibt es an dieser einen Stelle, was mir mißfällt! Gleichwohl wundere ich mich nicht, daß Elias Vinetus[70] und Abraham Ortelius,[71] sehr gelehrte Männer, aber Ausländer, einer so wenig gewichtigen Vermutung gefolgt sind, da sie ja keine bessere und sicherere Information hatten. Es sollte mich aber wundern, wenn ihm (Rhenanus) jetzt noch einer folgen wird.

Erstens schrieb er gegen den gesicherten Text der Handschriften und Editionen: ET LVPONDVM, und beging damit einen zweifachen Fehler: Denn die Analogie des Verses und die von Ausonius immer eingehaltene Gewohnheit verlangt mehr einen Daktylus in Verbindung mit einem Spondeus[72] und in LVPONDVM kann die erste Silbe nur kurz sein. Zweitens bezeichnet er mit Lupondum den Namen einer Burg oder Stadt, die niemand jemals gesehen, gelesen oder gehört hatte. Und falls sie irgendwo existieren sollte, wüßte man dennoch nicht, wo sie liegt und ob sie zu der Burg Lupf(en) paßt, die er damit bezeichnet. Und selbst wenn sie passen sollte, ist dieser Ort ganz unbekannt und liegt im Dunkeln mitten im Barbarengebiet. Dort fließt kein Strom vorbei und kein Berg und kein Wald ist dort in der Nähe zu sehen, /9/ der bedeutend genug gewesen wäre, daß ihn Ausonius als Ort eines so bedeutenden Sieges gefeiert hätte, zumal die Endung des Wortes (-dunum), die Lugodunum (Lyon), Canodunum (Canonden in Essex?); Cambodunum (Kempten), Uxillodunum (Issoudun), Augustodunum (Autun), Virodunum (Verdun), Segodunum (Nürnberg), Tarodunum (Reutlingen) Rhobodunum (Ungarisch Hradisch), Castrodunum (Châteaudun) und Sigidunum (Siegen) gemeinsam ist, dazu rät zu glauben, daß der Ort kein geringer gewesen ist.

Indessen hat Rhenanus als Augenzeuge aus den Ruinen geschlossen, daß dies (Lupfen) eine bedeutende Festung und eine Wachstation gegen die Alamannen gewesen sei, die von Römern erbaut worden sei. Ich will das auch nicht in Abrede stellen. Aber Ausonius spricht nicht davon, daß römischer Boden wiedererobert worden sei, (sondern daß Barbarengebiet eingenommen und den Germanen entrissen worden sei - schon Tacitus berichtet, daß diese keine derartigen Festungsbauten besessen hätten) - auf dem er eine Stadt oder ein Kastell mit jenem Namen gefunden hätte, sondern von siegreichen Waffen, die damals zum ersten Mal auf Barbarengebiet vorgetragen worden seien, und von Barbaren, die aus ihren eigenen Sitzen am Neckar und der Donauquelle vertrieben und verjagt worden seien. Also ist alles, was die Römer dort erbauten oder hervorriefen, später errichtet als zur Zeit des Ausonius und jenes Sieges. Wenn wir schließlich recht verstehen, verbindet Ausonius Lupodunum ganz eng mit dem Neckar als seine Zierde oder seinen Schutz, um den Neckar nicht 'nackt' und gleichsam ohne schmückendes Beiwort zu lassen, und nicht mit der Donau, deren Quellen er nennt. An diesen pflegt man keine Städte oder Lager zu errichten.
Also möge jene Vermutung nicht mehr gelten. Auf Ausonius sei nun neues Licht geworfen und jetzt kann jenes alte und edle LVPODVNVM auf alamannischem Boden ans Licht treten. Das wird geschehen, wenn ich der alten Stadt, die man im Zeitalter der Römer kannte, mit ihrem richtigen und unversehrten Namen be-

zeichnen und beweisen kann, daß sie am Ufer des Neckars an einer geeigneten Stelle und auf einem etwas erhabenen Hügel (damit nichts fehle) lag. Denn Ausonius hatte nicht *Lupondum* geschrieben, sondern *Lupodunum*. Und diese Bezeichnung haben alle Handschriften und alten Drucke, /10/ der Basler, Lyoner Druck,[73] die Aldine und die Pariser Ausgabe.[74] Auch Vinetus liest nicht anders, obgleich er in Ermanglung einer besseren der Konjektur von Rhenanus folgt.[75] Und auch der große Scaliger behielt nach diesem diese Lesung in seiner sorgfältig gearbeiteten Edition bei.[76] Das ist aber unser Ladenburg. So wie man nämlich aus dem benachbarten *Lutenbach* (um mich nicht allzu weit zu entfernen), heute Laude(n)bach machte, machte man ebenso aus *Lopodunum* Laude(n)burg.

Daß es den Römern bekannt war, bezeugen zur Genüge deren dortige Denkmäler, Zeichen dieses Sieges, die wir anderswo wiedergegeben haben,[77] aber auch der Genius loci, der irgendwie Antike atmet, und die günstige Lage; außerdem springt beim ersten Blick in die Augen, daß das Bett des Neckars von den Mauern der Stadt ein wenig entfernt liegt und daß auf dem Gipfel des Abrinsberges ein ihr entsprechender hoher und durch die natürliche Beschaffenheit des Ortes gesicherter Ausguck und ein Kastell liegen. Und man sagt, daß man überall auf den Feldern beim Graben Mauern und Ruinen finden könne, ein Beweis dafür, daß der Umfang der Stadt einst größer war.

Wie lange die Römer diese Stadt halten konnten, nachdem sie sie den Alamannen abgenommen und nach der Besetzung ihrer Sitte gemäß befestigt hatten (dazu wurden Vorwerke und Wachstationen für die Soldaten und Speicher für die Proviantversorgung errichtet, deren Reste noch zu sehen sind), steht nicht fest, war doch schon ihr Schicksal am Rhein sehr wechselhaft, vielmehr aber noch am Neckar. Entweder wurde die Stadt kurze Zeit danach - was glaubhaft ist - von den Germanen zurückerobert oder später bei dem allgemeinen Umsturz der politischen Lage. Damals bestimmte nämlich das Schicksal, daß die Macht der Römer nach vielem hin und her der kriegerischen Kraft der Deutschen unterliegen solle und die Franken diesen Plünderern des Erdkreises das ganze Gebiet am Rhein, den Landstrich um Straßburg, das Gebiet der Sequaner und die beiden germanischen Provinzen, ebenso die Rhätischen, völlig entrissen und nicht nur ihr eigenes Barbarengebiet besetzt hielten, sondern auch die Romania. So nannte man dieses Gebiet nämlich. /11/ Vom Glück begünstigt, begann sich das Reich der Franken so auszudehnen, daß sie von den Pyrenäen bis ins pannonische Gebiet[78] alles in ihrem Besitz halten konnten.

Unter ihrer Herrschaft verlor dieses Lupodunum, ein zu jener Zeit bereits berühmter Ort, ebenso wenig seinen alten Namen wie andere Orte - ob er ihm nun von den Germanen oder Römern gegeben worden ist. (Denn die Endung -DVNVM klingt nicht so sehr römisch, da nicht nur die Gallier ihr Lugodunum (Lyon) oder Uxillodunum (Issoudun) haben, sondern auch die Germanen ihr Lugdunum (Leiden), das in dem kaiserlichen Reisehandbuch Hauptort Germaniens genannt wird).[79] Und der Stadt LOBODVNA oder der Burg LOBODO blieb ihr Name. Daß dies bereits zu Zeiten Pippins und Karls ein nicht unbedeutender Ort des ostfränkischen Reichsteils gewesen ist, mögen die alten Schriftdokumente, die wir unten anfügen werden, bezeugen. Fraglos muß er einen ziemlich alten germanischen oder römischen Ursprung haben und man sollte nun nicht mehr Lupodunum an einem anderen Ort oder Loboduna unter einem anderen Namen suchen.

Das Herrschaftsgebiet der Franken und ganz Germanien war damals in Gaue eingeteilt, und die einzelnen Gaue, denen ein Graf vorstand, hatten ihre Orte. Unter diesen fiel der bedeutendste dem Grafen als Wohnort zu, in dem er seinen Sitz und Hof haben sollte (diesen nannten sie *SAAL*); ferner einen Gerichtsort und einen zur Anhörung der Untertanen, (der bei ihnen *MALLUS* hieß). Dort sollte er nach dem Brauch der Vorfahren Recht sprechen. So wurden nach Speyer, Worms und Zürich der Speyer-, Worms- und Zürichgau benannt, und nicht anders erhielt nach der Stadt Ladenburg (der also offensichtlich keineswegs unbedeutend war) unser ganzer Landstrich den Namen Lobdengau oder *Pagus Lobodonensis, Lobodunensis, Lobadunensis, Lobodenensis, Lobdinensis, Lobdenensis, Lobodensis* (ihn erwähnen die hervorragenden Annalen von Petrus Pithoeus),[80] *Lobudunensis, Lubodo-*

nensis, *Lubudunensis, Lubidunensis* /12/ und *Lubdunensis.* Der Name wird so verschieden geschrieben, daß man ihn zuweilen auch *Lupodunensis* schrieb. Die Barbaren sprachen ihn *Lobotengovve, Lobetdengovve, Lobotingovve, Lobodungovve* und *Lobodunovva* aus. Alle seine Orte (wir haben sie anderswo nach dem Zeugnis der Urkunden der Karolingerzeit aufgezählt)[81] sind folgende in unserem Gebiet um Ladenburg bis zum Rhein und zur Bergstraße: Alt-Bergheim, Plankstadt, Cilvesheim (Zeilsheim)[82], Dossenheim, Edingen, Viernheim, Gaiberg, Heidelsheim, Handschuhsheim, Hirschberg, Ilvesheim, Kirchheim, Laudenbach, Leimen, Mannheim, Neuenheim, Nußloch, Oppau, Rohrbach, Groß- und Kleinsachsen, Sandhofen, Schwetzingen, Seckenheim, Schriesheim, Schwabenheim, Wallstadt, Wiesloch, Walldorf und Wieblingen.

Dies zeigt auf deutlich erkennbare Weise unsere topographische, in Kupfer gestochene Karte. Auf ihr haben wir die Lage einiger Gaue im alten Barbarengebiet um Rhein, Main und Neckar wiedergegeben, um die Liebhaber der vaterländischen Geschichte zu ähnlichen Bemühungen für andere Gebiete einzuladen. So kann es nicht mehr zweifelhaft sein, daß dieser Gau einer von den Gauen des alten Germaniens ist, von denen Cäsar und Tacitus berichtet haben, und daß weiter Lobodunum sein Hauptort und der Sitz der Anwohner des Neckars (der Sueben und Alamannen) gewesen ist. Es war zugleich der Sitz und Palast des Gaugrafen dieses Gaues, und die CIVITAS LOBODVNENSIS hat ihren Namen beständig behalten.

Die Franken nannten alle alten Städte *Burgi* und fügten den alten Namen die Endung *-burgus* hinzu. So ist der Übergang über die Günz in Rhätien Günzburg genannt worden und Regia castra *Regensburg* und zahllose andere in derselben Weise. Daher haben eben dieselben Franken Lobodunum in ihrer Sprache und nach ihrer Gewohnheit LOBOTENBURG benannt. Das war nämlich ein *Burgum,*[83] griechisch polichne, eine Stadt, die von einer Mauer und Türmen umgeben und mit Toren verschlossen werden konnte. Zu dieser Zeit hatten bereits die Römer von unseren Vorfahren gelernt, /13/ Feldlager, die im Krieg standhalten konnten und mit einem Proviantlager versehen waren, mit diesem Namen zu bezeichnen. Dies erfahren wir aus der Geschichte der Burgundionen und dem Lobgedicht des Sidonius Apollinaris auf den *Burgus Hebromagus* im Gebiet von Bordeaux. Er schreibt nämlich offenkundig in den folgenden Versen, dieser sei nach der Befestigung der Proviantspeicher und der Festungsvorwerke so benannt worden: [84]

Ich scheine schon zu sehen, welches Schicksal dir künftig, Burgus, beschieden ist.
Man wird dich so nennen, denn über dem Fluß erheben sich Bauten,
und auf den Vorwerken sitzen schwebende Bäder.

Die Bezeichnung selbst ist ihrer Herkunft nach rein germanisch, ohne die griechische Wurzel 'pyrgou' zu verleugnen. Und die Germanen verstanden darunter nicht so sehr eine Burg als vielmehr eine umschlossene Stadt, wie wir aus Otfried von Weissenburg,[85] dem ältesten deutschen Dichter, erfahren. Er gibt nämlich die Stelle im Evangelium: *Geht in die Stadt* auf fränkisch so wieder: *Faret in thia burg*. Und im Sächsischen heißt es bei Williram[86] : *afft die burg* und *die Burchvvachthuo*.

Ihre westfränkischen Abkömmlinge nennen jetzt noch eine Stadt *Bourgade* und die Vorstadt *Faubourg*. So lesen wir auch den Namen der alten Stadt, (die heute Regensburg heißt) im Itinerar des Antoninus als *Regium*, als *Regino Castra* in der Notitia Dignitatum[87] und *Regino* in der Straßenkarte von Marcus Welser, danach bei den Franken in ihren Urkunden bald *Regina civitas*, bald *Reginesburg, Reganesburg, Ragenesburg*. Ebenso nannten also die Franken den Burgus des alten LVPODVNVM in der Volkssprache LOBOTENBVRG und LOBEDENBVRG, und allmählich LOBDENBVRG (wie sie ja an Verkürzungen eine wunderliche Freude hatten und aus Altissiodurum *Auxerre*, aus Vxillodunum *Issoudun*, aus Augustodunum *Autun*, aus Lugdunum *Lyon*, aus Nouidunum *Noyon*, aus Cabillonis *Chalons*, aus Borbetomagus *Worms* und aus Franconofurtum *Frankfurt* machten), wenn man wirklich von einer Verkürzung sprechen darf, da einige Leute auch beide Formen der Aussprache wählen konnten: Lobdun und Lobodun; Dio Cassius[88] schreibt nämlich, früher habe man die Stadt LVGODVNVM genannt - und so lesen wir auch auf einigen Steinen und Münzen -

die heute allgemein in aller Munde und mit der Feder /14/ LVGDVNVM genannt und geschrieben wird. Die Notare und Schreiber verwandelten den Namen Ladenburgs ihrer sprachlichen 'Eleganz' entsprechend in *Lobodo castrum* oder *castrum Lobodonense* oder in *Loboduna civitas*.

Und wir sahen selbst nicht wenige altehrwürdige Urkunden, die zu Zeiten der Könige mit Namen Karl, Ludwig, Otto und Heinrich an diesem Ort von den Herrschern gegeben und unterzeichnet waren, und bisweilen war hinzugefügt: *Am Sitz des Grafen Konrad* und *In der Gaugrafschaft des Grafen Heinrich*. Ihr Saal, mallus und burgus war also - wie hieraus deutlich wird - besonders bekannt. Und die Bezeichnung, die dem Bischofspalast schlechthin anhängt, *der Saal zu Ladeburg/des Bischoffs Saal* ist nicht nur in alten Urkunden zu lesen, sondern ist bis auf den heutigen Tag in Gebrauch, so daß die Einwohner und die Bauern aus der Nachbarschaft nicht anders zu sagen pflegen als: *Ich gehe in den Saal/ Ich komm aus dem Saal*, wenn sie vom Bischofshof sprechen wollen.

Diese Grafschaft Lobdengau wurde in den Folgezeiten durch Verleihung aus den Händen deutscher Kaiser erblich, und einer bestimmten Familie als Erblehen übertragen. Deshalb lesen wir anläßlich des ersten Lanzenstechens unter Heinrich dem Vogler im Turnierbuch[89] *Andere Grafen zu Lobdiburg*. Dies wurde später verunklart, und schuld daran ist die Nachbarschaft des Königshofes Triburia, eines sehr oft genannten Ortes.

Daraus wird auch deutlich erkennbar, wie aus Lopodunum Lobodiburgum geworden ist und daraus wieder Laudiburgum und endlich Ladeburg, wie es heute im Volksmund genannt wird (auf dieselbe Weise nämlich, wie aus der civitas Regino, einem ebenfalls keineswegs unbedeutenden Ort, Regensburg geworden ist). Dies gab einigen einfältigen Menschen, die sich bemühten, dem Ort auf solche Weise einen römischen Ursprung zu verschaffen, die Gelegenheit, den Namen *Latinoburgum* zu erdichten. Unzweifelhaft finde ich, daß man seit ungefähr zweihundert Jahren beständig *Laudenburg* schreibt, und das Osttor der Stadt trägt in großen Buchstaben die Aufschrift LAVDENBVRG. /15/

Und ich weiß zudem sehr genau, daß dort eine ritterschaftliche Familie gelebt hat, derer von *Laudenburg*, die sogar den Würzburgern zwei Bischöfe stellte (um nicht von mehr zu reden). Und es ist wohlbekannt, wie leicht Eigennamen von Orten, vor allem wenn sie etwas älter und ziemlich schwer auszusprechen sind, im Mund des Volkes verstümmelt und verschlechtert werden. Besonders aber mag das eine oder andere Beispiel zur Genüge zeigen, wie leicht die Buchstaben B und V untereinander vertauscht werden (um nicht die Florentiner Pandekten in einer so bedeutungslosen Sache zu mißbrauchen). So haben die Handschriftenschreiber aus *Vervex* (Hammel) *Brebis* werden lassen und aus König *Augar* einen *Abgar* und wiederum *Louendeburg* bei Lambert von (A)schaffenburg[90] zum Jahr 971 für die damalige Reichsstadt, wenn man nicht eher *Louedenburg* schreiben muß. So verschlechterte sich auch LOBDINBVRG zu LOVDENBVRG nicht so sehr um des Wohlklangs willen als wegen einer gewissen Sorglosigkeit und stammelnden Nachlässigkeit des Barbarenmundes. Gleichwohl hat aber die Stadt ihren echten und ursprünglichen Namen seit ganz alter Zeit bis heute auf ihren Siegeln (sie benutzt ein großes und ein kleines), auf denen als Zeichen ein *Burgus* oder ein doppeltürmiges Kastell zur Erinnerung an die alte Würde eingraviert ist, unversehrt getreulich bewahrt; so das KLEINE SIEGEL der Stadt LOBDENBVRG - wie die meisten Städte, die auf -burg enden, etwa *Magdeburg, Lüneburg, Hamburg, Weissenburg, Neuburg, Regensburg, Offenburg, Bernburg, Brandenburg, Rottenburg,* ja sogar *Freiburg im Vogtland, Augsburg, Hachenburg, Homburg, Glauburg, Dieburg, Bebenburg und Burkheim.* Dies allein bestätigt besonders unsere Beobachtung, dazu kommen Urkunden aus der Karolingerzeit, nicht nur die, auf denen die Dörfer des Lobdengaus aufgezählt werden - von ihnen habe ich gegen dreihundert gesehen -, sondern die im Gauvorort selbst, in jenem uralten Lupodunum des Ausonius, im ostfränkischen Reichsteil von den Frankenkönigen und Kaisern ausgegeben, unterzeichnet und gesiegelt worden sind. Einige von ihnen wollen wir als Beispiele zum Beweis unserer Ausführungen anfügen. /16/

KARTENLEGENDEN ZUR KARTE NACH /16/ :

AN FRIEDRICH HEINRICH, PFALZGRAFEN BEI RHEIN UND HERZOG IN BAYERN etc., DEN SOHN DES KURFÜRSTEN, DER ZUM NUTZEN DES GEMEINWESENS GEBOREN WURDE[91] :
Die pflichtbewußte Sorgfalt Frehers entwarf diese Karte,
da sie um die Pläne deines Vaters und Großvaters wußte.
Dies ist ein Ausschnitt aus dem alten Barbarengebiet und dem Neckarland,
(wo einst Lubodunum mit seinen Mauern und sein Land gefeiert wurde[92]).
Und sie greift im Süden nur soweit in das angestammte Gebiet der Sueben und Alamannen aus,
wie es deinen Vater, FRIEDRICH-HEINRICH, als Herrn anerkennt und weiß,
daß du für es geboren wurdest, und macht es bekannt.
Aber den übrigen Teil begrenzt im Norden die Welle des Mains, im Osten die Tauber,
und der Rhein im Westen.
Diese Landstriche sind nach deutscher Sitte in Gaue eingeteilt,
und fränkische Bezeichnungen sind dem Land gegeben.
Lerne auch die fränkischen Namen kennen, da du das übrige ja schon weißt,
du Knabe, der du von fränkischen Königen abstammst,
wie Gründer und Bewohner die Orte benannt haben,
die den Zeptern Pippins und Karls schon untertan waren
und rechtens unter der Herrschaft deiner Ahnen und Urahnen gestanden hatten.
Dereinst erwarten sie deine Herrschaft.
Warum sollten die Orte der Region unbekannt bleiben, du Stütze der Heimat, die das kampfeswütige Altertum
niemals unversehrt an ihrem Platz ließ?

DEM LESER MEINEN GRUSS!

Hier hast du den Teil jenes alten Barbarenlandes, nunmehr des kultiviertesten Deutschlands, der nach Westen vom Rhein, seiner alten Grenze, von der ihm entgegenstehenden und feindlichen Romania (wir wollten von ihr nicht wiedergeben, außer daß wir obenhin die damals bekannten Stationslager der römischen Legionen am Ufer angegeben haben), nach Norden von Hessen und Thüringen vom Main, nach Osten aber von der Tauber vom übrigen Frankengebiet abgegrenzt wird. Das Gebiet um den Neckar ist in Gaue eingeteilt, und die fränkischen Namen der Dörfer sind dort angegeben, wo in dem ganzen Gebiet einst Lubodunum einen berühmten Namen hatte, und greift nach Süden nur soweit ins Gebiet der Sueben und Alamannen aus, wie es heute unter der Herrschaft des Kurpfälzers steht. Diese Grenze haben wir uns selbst gesetzt. Unserem Beispiel mögen andere Patrioten in anderen Regionen folgen! //

KURZE REGESTEN DER URKUNDEN IM ANHANG /17ff./,
mit Angabe der Schreibweise von Ladenburg

1. Überantwortung der Stadt LAVDEMBERG mit der anliegenden Region durch König DAGOBERT im Jahr 636.[93]
Der König überträgt alle seine Rechte im Lobdengau (pagus LAVDEMBVRGENSIS) mit Ausnahme des Grafschaftsrechts dem Petersdom zu Worms und dessen Bischof Amandus, ferner alle Gebäude und Liegenschaften in Ladenburg und alle Wald- und Wasserrechte im Odenwald, dazu das Markt- und Zollrecht sowie weitere Rechte.

2. Über die Grafschaft im Lobdengau im Jahr 1011. /18/
Kaiser Heinrich II. überträgt die Grafschaftsrechte im Lobdengau auf Fürsprache seiner Gattin Kunigunde an Bischof Burchard von Worms (1000-1025).

3. Schenkung des GEROLDVS und seiner Frau IDIBVRGA.
Gerold und Idiburga übertragen ihren Besitz in Feudenheim und Heddesheim an Grimold, Sigewin, Druantus und Bernwart als Vertretern von Worms und Lorsch. Nach ihrem Tode solle ihr Besitz in Feudenheim an die Bischofskirche in Worms übergeben werden, der in Heddesheim an das Lorscher Kloster.
Nach ihrem Tod wurde diese Übertragung im Mallus in Ladenburg (LOBEDDENBVRG) in Gegenwart u. a. des Wormser Bischofs Richgowo (916-949 n. Chr.) und des Abtes Ebergisius von Lorsch bezeugt, nach deren Tod erneut von Bischof Anno (951-978) und Abt Gerbod von Lorsch.

4. Schenkung des Marcharius in Sachsenheim, im vierten Jahr der Regierung König Pippins 753. /19/
Marcharius überträgt sein Gut in Weinheim an die Kirche des Heiligen Petrus in Heppenheim.
Gegeben zu BVRTHESHEIM[94] bei LOBETDENBVRG.

5. Schenkung des Sigwin im dreizehnten Jahr der Regierung König Pippins unter Abt Rutgang 762.

Sigwin vermacht einen Weinberg in Handschuhsheim dem Lorscher Kloster.
Geschehen im LOBODO CASTRVM.

6. Schenkung des Machelin und der Herlindis in Edingen im Jahr 762.
Machelin und Herlindis schenken dem Kloster Lorsch Land in Edingen.
Gegeben in der LOBDVNA CIVITAS. /20/

7. Schenkung des Gumpert in Neuenheim im vierzehnten Jahr der Regierung Pippins 763.
Gumpert schenkt dem Kloster Lorsch einen Weinberg in Neuenheim.
Geschehen in der LOBDENENSIS CIVITAS PVBLICA.

8. Schenkung Siccos, im zwanzigsten Jahr der Regierung Karls des Großen 788.
Sicco schenkt mit seiner Gemahlin Angilburga während dem Abbatiat Richbods dem Lorscher Kloster einen Weinberg in Handschuhsheim, der an das Gebiet der Kirche in LOBETDENBVRG angrenzt. /21/

9. Bekräftigung König Karls über LAVDEMBVRG und den OTENWALT im Jahr 797 (! gefälscht).
Auf Bitten Bischof Ermberts von Worms (764-793 n. Chr.), der die (gefälschte) Urkunde Dagoberts vorlegt, bestätigt Karl die Rechte der Wormser Kirche an der civitas LAVDEMBVRG im pagus LAVDENBVRGENSIS und fügt als Schenkung die Kirche in Edingen und ein Stück Land in Neckarhausen hinzu. /22/

10. - 14. Betreffen Schenkungen von 717-1332.

15. Schenkung Erkanbalds in Wieblingen und in Ladenburg (LOBODVNOVVA) 808.
Erkanbald schenkt Grundstücke und Leibeigene in Wieblingen und Ladenburg dem Kloster Lorsch.

16. Bestätigung der Zolleinnahmen der Wormser Kirche durch Ludwig den Frommen und Lothar I. 829.
Auf Bitten des Bischofs Richgowo von Worms bestätigen die beiden Herrscher die Einnahmen des Zolls in Worms und in den *castella* LOBDENBVRG und Wimpfen für Richgowo und seine Nachfolger. Erneuert 947. /23/

17. Stiftung zum Wiesensteig 861.
Rudolf stiftet an St. Cyriakus [in Neuhausen bei Worms] zahlreiche Güter und Leibeigene u. a. im LOBETENGAWE. /24-25/

18. Schenkung Ludwigs II. in Seeheim und Bickenbach im Jahr 870.
Ludwig schenkt Besitz in Seeheim und Bickenbach dem Kloster Lorsch.
Die Schenkung erfolgt in LOBOTENBVRC. /26/

19. Im Jahr 1150. Rabod von Speyer und seine Brüder Graf Hartmann von LOBEDENBVRC und Otto von Alzey übereignen Grund und Boden zur Gründung eines Klosters bei Würzburg. /27/

20. Verpachtung eines Hauses in Worms im Jahr 1160.
Die Lorscher Mönche verpachten ein Haus in Worms an Wernher für dreißig Solidi in Wormser Währung. Als Zeuge fungiert u. a. Reginbod von LOBEDENBVRG. /28/

21. Verpachtung von Äckern und Wiesen in Viernheim an das Kloster Schönau durch Bischof Konrad (von Steinach) von Worms 1168. /29/
Bischof Konrad verpachtet Äcker und Wiesen in Viernheim an das Kloster Schönau; dieses muß dafür dem Pfarrer dreißig Stück Käse und zwei Käse im Wert je eines Wormser Pfennigs an die bischöfliche Kammer als Zehnten abliefern.
Geschehen zu LOBEDENBVRCK. /30/

Anmerkungen

[1] Ausonius, Mosella V. 423f. Benutzt wurden folgende Ausgaben:
1. D. MAGNI/ AVSONII/ BURDIGA-/LENSIS MOSEL-/LA/ CVM/ COMMENTARIO/ MARQ. FREHERI [...] Heidelberg (Gotthard VOEGELIN) o. J. [1619] Der Kommentar Marquard Frehers wurde nach dem Tod des Verfassers von Gotthard Vögelin herausgegeben.
2. Walther John (Hrsg.): Mosella. Das Mosellied des Ausonius. Übersetzt und erklärt von W. John, überarbeitet von Wolfgang Binsfeld. Trier 1980. Daraus sind die Übertragungen mit leichten Modifikationen entnommen.
3. Bertold K. Weis (Hrsg.): Ausonius Mosella. Herausgegeben und in metrischer Übersetzung vorgelegt von B. K. Weis. Darmstadt 1989.
Die übrigen Werke des Ausonius sind zitiert nach der umfassend kommentierten kritischen Ausgabe:
R. P. H. Green (Hrsg.): The Works of Ausonius. Edited with Introduction and Commentary by R. P. H. Green. Oxford 1991 (zitiert: ed. Green).

[2] Über Kaiser Gratian (367-383 n. Chr.) und seine Germanenkriege vgl. kurz: Klaus Martin Girardet: Gratian. In: Manfred Clauss (Hrsg.): Die römischen Kaiser. 55 historische Porträts von Caesar bis Iustinian. München 1997, S. 354-361, hier S. 359f.

[3] Vgl. Sidonius Apollinaris, ed. W. B. Anderson. London, Cambridge 1963, carmen 7,342: *ulvosa quem Nicer alluit unda*. Sidonius ist ein gallischer Bischof, Dichter und Briefschreiber des fünften Jahrhunderts n. Chr.

[4] Vgl. zu diesem Sieg von 368/69 n. Chr. knapp John, wie Anm. 1, S. 114.

[5] Ausonius, XX. (Precationes Variae), 2: Precatio consulis designati, V. 29f. (ed. Green, wie Anm. 1, S. 144).

[6] In seiner großen Geschichte der Ursprünge der Pfalz ORIGINVM/ PALATINARVM/ Pars Prima./ MARQVARDO FREHERO/ M(ARCI) F(ILIO) Consiliario Archi-Palatino/ Auctore [...] Heidelberg, 2. Aufl. 1613, S. 48 lokalisiert Freher Tribuaria bei Gerau.

[7] In seinem Kommentar zum *Chronicon Laureshamense* in den RERVM GERMANICARVM LIBRI TRES SCRIPTORES aliquot insigniores. 3. Aufl. (curante Burcardo Gotthelfio Struve). Straßburg 1717, Bd. 1, S. 112, identifiziert Freher Windoheim mit Weinheim.

[8] Zu lesen ist wohl: *fato*.

[9] Die Urkunde ist falsch; vgl. Friedhelm Jürgensmeier (Hrsg.): Das Bistum Worms: Von der Römerzeit bis zur Auflösung 1801. Würzburg 1997 (=Beiträge zur Mainzer Kirchengeschichte, 5), S. 16 mit Anm. 17.

[10] Worms war nie Erzbistum, die erzbischöfliche Würde ist also auch nicht nach Mainz übertragen worden. Allerdings gibt es apokryphe frühmittelalterliche Traditionen, die Worms Erzbistum sein ließen.

[11] Bischof Ermbert (vor 764-3. Januar 793) stand als eine Art Hofbischof dem karolingischen Herrscherhaus nahe. Als Abgesandter Karlmanns nahm er am Laterankonzil 769 teil. Vgl. Jürgensmeier, wie Anm. 9, S. 19.

[12] Bischof Samuel (vor 840-7. Februar 856) war zuvor Schüler in Fulda und Abt in Lorsch gewesen. Er ließ für das St. Cyriakusstift in Neuhausen bei

Worms Handschriften aus Lorsch herausgeben. 847 wurde St. Cyriakus unter Ludwig dem Deutschen neu ausgestattet. Vgl. Jürgensmeier, wie Anm. 9, S. 20f.

[13] Nach längerer Fehde gegen Worms erhielt Graf Walram von Sponheim 1363 die Hälfte von Ladenburg.

[14] Eckard von Ders regierte von 1371 bis 1405.

[15] Erst unter dem Humanistenbischof Johann von Dalberg (1482-1502) wurde der Wormser Bischofshof in Ladenburg dauernder Sitz des Bischofs, vgl. zuletzt Jürgensmeier, wie Anm. 9, S. 146.

[16] Zitat nach Vergil, Ekloge 1,6.

[17] Der Mosbacher Lateinschulrektor (um 1580) Richard Hemelius hat öfter Publikationen aus dem Heidelberger Humanistenkreis mit griechischen Widmungsgedichten versehen, so etwa die von Quirinus Reuter herausgegebenen Schriften des wie Hemelius selbst aus Mosbach stammenden bedeutenden Juristen und neulateinischen Dichters Nicolaus Cisnerus-Kistner (Nicolai Cisneri Jureconsulti, Polyhistoris, Oratoris et Poetae celeberrimi [...] Opuscula Historica & Politico-Philologa. Tributa in tomos IV [...] Edita studio et opera Quirini Reuter [...] Frankfurt 1612, iv r-vi r. Dort findet sich auch ein Trauergedicht auf den Tod Kistners von Hemelius. Mit Cisnerus unterhielt Hemelius einen sehr familiären Briefwechsel, der in derselben Ausgabe, S. 1007-1011 abgedruckt ist. Daraus geht hervor, daß Kistner und Hemelius verwandt waren. Ein weiteres griechisches Widmungsgedicht von Hemelius findet sich in der Freherschen Ausgabe der *Mosella* des Ausonius, wie Anm. 1, S. 1; weiter im ersten Band der RERVM GERMANICARVM SCRIPTORES Frehers (3. Aufl. hrsg. von B. G. Struve, Straßburg 1717).

[18] Theodor Rhodius ist m. W. der einzige lateinische Humanistendichter aus Ladenburg. Um 1572 wohl als Sohn eines kurpfälzischen Beamten in Ladenburg geboren, besuchte Rhodius als Stipendiat des Grafen von Leiningen-Westerburg das Gymnasium in Höningen bei Grünstadt und studierte dann in Tübingen (1594) und Straßburg (1595). Danach amtierte er zunächst in Quirnheim, dann in Asselheim bei Worms als protestantischer Landpfarrer. 1601 krönte ihn der berühmte Heidelberger Dichter Paulus Schede Melissus zum poeta laureatus. Mit Janus Gruter, dem Bibliothekar der Heidelberger Bibliotheca Palatina, und mit Marquard Freher pflegte er freundschaftlichen Briefverkehr. Rhodius ist besonders als lateinischer Dramatiker hervorgetreten, u. a. mit einer bedeutenden *Tragoedia Colignius*, die das Schicksal des in der Bartholomäusnacht 1572 ermordeten französischen Hugenottenführers Gaspard de Coligny behandelt. Weiter schrieb er im Stil Senecas klassizistische biblische Dramen und eine oft sehr persönlich gehaltene lateinische Lyrik. In der Sammelausgabe seiner *Poemata Varia* von 1625 ist auch dieses Gedicht abgedruckt. Zu Rhodius vgl. Wilhelm Kühlmann und Hermann Wiegand (Hrsgg.): Parnassus Palatinus. Humanistische Dichtung in Heidelberg und der alten Kurpfalz. Heidelberg 1989, S. 170-183 (Gedichtauswahl, darunter auch eines an Marquard Freher mit Übertragung), sowie S. 288f. (Biographie und weitere Literatur); ferner Wilhelm Kühlmann: Zur literari-

schen Lebensform im deutschen Späthumanismus: Der pfälzische Dramatiker Theodor Rhodius (ca. 1575-1625) in seiner Lyrik und in seinen Briefen. In: Daphnis. Zeitschrift für mittlere deutsche Literatur 17 (1988), S. 671-749.

[19] Vgl. L. Annae Flori Epitomae de Tito Livio [...] II, 30 und 39 (ed. Otto Rossbach: Lucius Annaeus Florus. Leipzig 1896): *hac clade factum, ut imperium, quod in litore Oceani non steterat, in ripa Rheni fluminis staret.* Lucius Annaeus Florus schrieb um 120 n. Chr. hauptsächlich nach Livius eine Geschichte des römischen Volkes bis zum Tod des Augustus.

[20] Modifizierte Übersetzung von Alexander Berg: Martialis. Epigramme. Berlin-Schöneberg, o. J. (=Langenscheidtsche Bibliothek sämmtlicher griechischen und römischen Klassiker in neueren deutschen Musterübersetzungen, 66), S. 350. Martial (um 40-102 n. Chr.) ist der bedeutendste römische Epigrammatiker.

[21] Abraham Ortelius (1547-1598), der bedeutende Antwerpener Geograph, publizierte sein *Theatrum Orbis terrarum* 1570 in Antwerpen mit 53 in Kupfer gestochenen Karten von Fr. Hogenberg.

[22] Gemeint ist aus römischer Sicht.

[23] Die nach dem Augsburger Humanisten benannte *Tabula Peutingeriana* ist eine spätantike Karte, auf der die Straßen des Imperium Romanum mit zahlreichen Ortsnamen verzeichnet sind. Ein Ausschnitt, der unser Gebiet betrifft, ist abgebildet in: Philipp Filtzinger, Dieter Planck und Bernhard Cämmerer: Die Römer in Baden-Württemberg. Stuttgart 1976, gegenüber S. 16. Eine Teilausgabe hatte der Augsburger Patrizier Marcus Welser (1558-1614), mit dem Freher in engem Kontakt stand, bereits 1591 publiziert. Diese Publikation wurde wiederholt in: Marci Welseri [...] Opera Historica et Philologica Sacra et Profana [...] Nürnberg 1682, S. 705-784.

[24] Der Astronom, Mathematiker und Geograph Claudius Ptolemäus verfaßte u. a. um 150 n. Chr. eine *Geographike Hyphhegesis* in acht Büchern, ein Handbuch der antiken Geographie.

[25] Pompeius Strabo verfaßte im 2. Jahrhundert n. Chr. unter dem Titel *Geographica* ein wichtiges Werk zur antiken Geographie.

[26] Gemeint ist die *Historia Naturalis* des älteren Plinius (23-79 n. Chr.)

[27] In Frage kämen die *Symposiaka* Plutarchs (50-120 n. Chr.)

[28] Unter Panegyrikus versteht man eine Lobrede. Zwölf solcher Lobreden auf Kaiser der Spätantike sind in einem eigenen Corpus überliefert, darunter u. a. eine Rede des jüngeren Plinius auf Kaiser Trajan, dazu kommt eine *Gratiarum Actio* von Ausonius auf Kaiser Gratian.

[29] Vgl. den Text bei R. A. B. Minors (Hrsg.): XII Panegyrici Latini. Oxford. 2. Aufl. 1973, VI,2. Da dieser kritische Text von dem im *Commentariolus* gedruckten abweicht, sei er hier angefügt:
Sed pulchrum tibi videtur, (...) ut Rhenus ille non solum superioribus locis (...) sed etiam ibi nouo ponte calcetur ubi totus est, ubi iam plurimos hausit amnes quos hic noster ingens fluuius et barbarus Nicer et Moenus inuexit [...].

[30] Kaiser Probus (276-282 n. Chr.) drängte in den Jahren 277/78 die in Gallien eingedrungenen Franken und Alamannen über den Rhein zurück.

Vgl. Hartwin Brandt: Probus. In: Clauss (Hrsg.), wie Anm. 2, S. 252-258, hier S. 254.

[31] Der fiktive Autor Flavius Vopiscus ist einer der angeblichen Verfasser der *Historia Augusta*, die wohl als heidnische Propagandaschrift im schon christlichen Imperium Romanum entstand. Zur Textstelle vgl. E. Hohl (Hrsg.): Scriptores Historiae Augustae, II. Leipzig 1965, S. 213 (Vita Probi 13,5-14,1).

[32] Ebenda, c. 15, S. 214f.

[33] Der Historiker Hunibald ist eine von dem Sponheimer Abt und Freund des Konrad Celtis Johannes Trithemius (gest. 1516) erfundene Figur, sein angebliches, von Trithemius zitiertes Werk eine Fälschung. Vgl. dazu Paul Joachimsen: Geschichtsschreibung und Geschichtsauffassung in Deutschland unter dem Einfluß des Humanismus. Neudruck der Ausgabe Leipzig 1910, Aalen 1968, S. 55ff. und Frank L. Borchardt: German Antiquity in Renaissance Myth. Baltimore, London 1971, S. 128: *The great Hunibald existed, as far as modern scholarship can determine, only in Trithemius' imagination, thence in his work, and thence in the work of others.* Marquard Freher selbst hat die *Opera Historica* des Trithemius 1601 herausgegeben, darunter auch die später erwähnten *Annales Hirsaugenses*.

[34] Über Maximians Germanenpolitik vgl. Jörn Kobes: Maximian (286-305, 306-308, 310): In: Clauss (Hrsg.), wie Anm. 2, S. 272-275, hier S. 273f.

[35] Vgl. den Panegyricus Maximiano Augusto des Mamertinus bei Minors, XII Panegyrici Latini, wie Anm. 29, c. 9,1.

[36] Vgl. den Genetliacus Maximiano Augusto bei Minors, XII Panegyrici Latini, wie Anm. 29, c. 4f. mit Auslassungen.

[37] Ebenda, c. 7,1.

[38] Ebenda, c. 16,1. Das sinnentstellende *ni semel imitentur* ist mit dem kritischen Text zu lesen: *in semet imitentur*.

[39] Ebenda, Incerti Panegyricus Constantio Augusto (Nr. VIII), c. 3,3.

[40] Vgl. A. F. Norman (Hrsg.): Libanius. Selected Works. I. The Julianic Orations. London, Cambridge/Massachusetts 1969 (=Loeb Classical Library), or. 17,14, S. 260. Libanios, ein heidnischer 'Sophist' (314-393 n. Chr.) hielt zahlreiche Lobreden auf Kaiser Julianus Apostata. Vgl. jetzt: Reinhold Scholl: Historische Beiträge zu den julianischen Reden des Libanios. Stuttgart 1994 (=Palingenesia, 48).

[41] Vgl. ORIGINVM PALATINARVM Pars Prima, wie Anm. 6, S. 31.

[42] Beatus Rhenanus (Beat Bild aus Rheinau- 1485-1547), ein Schüler des Erasmus von Rotterdam und bedeutender Philologe und Textkritiker, gilt mit seinen *Germanicarum Rerum Libri Tres* (zuerst 1531) als Begründer der wissenschaftlichen Erforschung der deutschen Frühgeschichte. Er ist damit ein wichtiger Vorgänger Marquard Frehers. Über ihn vgl. John F. d'Amico: Theory and Practice in Renaissance Textual Criticism. Beatus Rhenanus between Conjecture and History. Berkeley, Los Angeles 1988; ferner Ulrich Mulack: Geschichtswissenschaft im Humanismus und in der Aufklärung. Die Vorgeschichte des Historismus. München 1991, passim, sowie ders.: Beatus Rhenanus (1485-1547). Vom Humanismus

zur Philologie. In: Paul Gerhard Schmidt (Hrsg.): Humanismus im deutschen Südwesten. Biographische Profile. Sigmaringen 1993, S. 195-220 mit weiterer Literatur. Die zitierte Stelle, die auch die übrigen Ausführungen Frehers stark beeinflußt hat, findet sich in der Ausgabe: BEATI RHENANI SELESTADI-NENSIS RERUM GERMANICARUM LIBRI TRES: Straßburg 1610, S. 8: [....] *sic Valerius Probus Caesar devictis Alemannis in Germania prima limitem Romanum usque ad Nicrum fluvium, qui vulgo Neccer dicitur, protulit, exaedificatis in ejus amnis ripa varijs munimentis, in quibus praesidia locarentur.* Übrigens liegt natürlich Ettlingen nicht am Neckar. Ob er Esslingen meint?

[43] Marquard Freher identifiziert ihn in einem eigenen Kapitel der ORIGINES PALATINAE (ORIGINVM PALATINARVM, wie Anm. 6, S. 61-66) mit dem Heiligenberg (Heidelberg). Dieser sei wiederum identisch mit dem Mons Pyri.

[44] ORIGINVM PALATINARVM, wie Anm. 6, S. 28-32.

[45] Das folgende nach dem spätantiken Historiker Ammianus Marcellinus, einer Hauptquelle für die Feldzüge der Kaiser gegen die Alamannen, 28, 2.1-4. Ammianus Marcellinus (um 330-400 n. Chr.), ein Grieche aus Antiocheia in Syrien, kämpfte u. a. unter Julianus Apostata gegen die Alamannen und schrieb in lateinischer Sprache eine Römische Geschichte von Nerva bis Valens (96-378 n. Chr.) in einunddreißig Büchern, von denen nur die Bücher 14-31 erhalten sind mit der Geschichte der Jahre 353-378 n. Chr., also die von dem Autor unmittelbar erlebte Zeitgeschichte.

[46] Über Valentinian I. (364-375 n. Chr.) und seine Germanenpolitik vgl. kurz Christine van Hoof: Valentinian I. In: Clauss (Hrsg.), wie Anm. 2, S. 341-347, hier S. 344f.

[47] Vgl. G. Downey (Hrsg.): Themistii Orationes, I, Leipzig 1965, S. 201f.

[48] Benutzt wurde: Historia Zosimi Comitis et Exadvocati Fisci. Ab Augusto Caesare ad Constantini Magni filios. Ex recensione Friderici Sylburgi cum Interpretatione Ioannis Leunclavii [...] Cizae 1674, S. 349.

[49] Über Brumath (*Braucomagus*) vgl. die Beschreibung bei Beatus Rhenanus, wie Anm. 42, S. 323f.

[50] Ebenda, S. 324.

[51] Jedenfalls nennt Willibald Pirckheimer in seiner Deutschlandbeschreibung von 1530 (abgedruckt ebenda, S. 658-719, hier S. 670) Neomagus=Oppenheim, was der Reihenfolge nach besser paßt als Neumagen oder das ebenfalls mögliche Speyer, das aber schon genannt ist.

[52] Vgl. Pirckheimer, wie Anm. 51, S. 675. Sonst wird es identifiziert mit Wijk-bi-Duurstade.

[53] Vgl. dazu die ausführlichere Beschreibung in den ORIGINES PALATINAE, wie Anm. 6, S. 32-34. Der Sache nach stimmt der Bericht der ORIGINES PALATINAE mit dem hier Referierten überein. Die moderne Forschung lokalisiert diesen spätrömischen Burgus in Neckarau, da die Mündung des Neckars in den Rhein in der Antike weiter südlich lag als heute. Vgl. dazu Hansjörg Probst: Neckarau. Bd. I. Von den Anfängen bis ins 18. Jahrhundert. Mannheim 1988, S. 125-134 mit den Anmerkungen.

Ebenda sind auf einer Karte des Ingenieur-Hauptmanns Ferdinand Denis von 1780 Tafel 2/3 die Inseln 'Der Grosse Kayserswerth' und 'Der kleine Kayserswerth' bei Neckarau abgebildet.

⁵⁴ Vgl. dazu Friedrich Walter: Mannheim in Vergangenheit und Gegenwart. Bd. I., Repr. Frankfurt am Main 1977 der Ausgabe 1907, S. 20. Gemeint ist eine Neckarschleife im Osten von Mannheim.

⁵⁵ Gemeint ist wohl Schloß Eichelsheim.

⁵⁶ ORIGINVM PALATINARVM, wie Anm. 6, S. 28.

⁵⁷ Über ihn vgl. kurz: Girardet, wie Anm. 2.

⁵⁸ Paulus Diaconus (um 720-nach 787 n. Chr.) schrieb u. a. lateinische Gedichte und eine Geschichte der Langobarden sowie die hier gemeinte *Historia Romana* (vor 781 v. Chr.), eine Kompilation älterer Quellen zur römischen Geschichte bis zum Zeitalter Kaiser Justinians I. Zitiert nach: Historiae Miscellae a Paulo Aquilegiensi Diacono primum collectae [...] libri XXIV. [...] Nunc ex variis manuscriptis illustrati & editi ab Henrico Canisio. Ingolstadt 1613, lib. XII, S. 367: *Igitur Gratianus admodum iuvenis, cum inaestimabilem multitudinem hostium Ro(manorum) finibus infusam cerneret, fretus Christi potentia, longè impari numero sese in hostem dedit & continuò apud Argentoratum oppidum Galliarum formidulosissimum bellum incredibili felicitate confecit [...]*. Allerdings verwechselt Paulus Diaconus den Ort der Germanenschlacht mit der von Julianus Apostata. Die hier gemeinte Schlacht fand bei Solicinium (wohl Sülchen bei Rottenburg) statt.

⁵⁹ Ausonius, ed. Green, wie Anm. 1, Epigrammata XIII,3, S. 66.

⁶⁰ Ausonius, ed. Green, wie Anm. 1, Gratiarum Actio XXI,II,6 bzw. 9, S. 147.

⁶¹ Depanus ist Druckfehler für Drepanius. Latinus Drepanius Pacatus aus Burdigala (Bordeaux) hielt seinen Panegyrikus 389 n. Chr. vor dem römischen Senat auf Kaiser Theodosius I. Über diesen vgl. kurz Adolf Lippold: Theodosius I. (379-395). In: Clauss (Hrsg.), wie Anm. 2, S. 368-374, zur Germanenpolitik S. 369f. Zur Stelle vgl. Minors, wie Anm. 29, S. 85 (II,5,2).

⁶² Claudius Claudianus, ein spätantiker Dichter alexandrinischer Herkunft, schrieb nach 395 n. Chr. mehrere bedeutende panegyrische Gedichte auf Kaiser Honorius und den Goten Stilicho, der die Politik des weströmischen Reiches bis zu seinem Sturz 408 n. Chr. leitete.

⁶³ Ausonius, Mosella, ed. John, V. 420-425. Über diesen Triumph 368/69 n. Chr. vgl. John, wie Anm. 1, S. 114, Green, wie Anm. 1, S. 507.

⁶⁴ Vorher allerdings bereits bei Ammianus Marcellinus 28,2,2 und den Panegyrici Latini 6,13,2.

⁶⁵ Gemeint sind wohl die entzückenden Bissula-Gedichte, v. a. Gedicht 3 und 4 (ed. Green, wie Anm. 1, S. 131).

⁶⁶ Auf dem Lupfen bei Talheim (jetzt zu Trossingen im Landkreis Tuttlingen). Sie war die Stammburg der seit 1065 bezeugten Hochadelsfamilie und Grafen von Lupfen und wurde 1416 von den Rottweilern zerstört. Vgl. Max Miller und Gerhard Taddey (Hrsgg.): Handbuch der historischen Stätten VI. Baden-Württemberg. Stuttgart, 2. Aufl. 1986, S. 786f.

⁶⁷ Vom Augsburger Reichstag 1530.
⁶⁸ Beatus Rhenanus, wie Anm. 42, S. 10. Im Zitat Frehers fehlt die Angabe: *ubi comitia Rom(ani) Imperii Carolus Aug(ustus) celebrabat* hinter *Augusta Rhetorum*, wodurch diese Reise des Beatus Rhenanus auf 1530 zu datieren ist.
⁶⁹ Vgl. die Ausgabe: De gentium aliquot migrationibus, sedibus fixis, reliquiis, linguarumque initijs & immutationibus ac dialectis, Libri XII, Autore Wolfgango Lazio Viennensi Austriaco Medico, & invictißimi Rom. Regis Ferdinandi historico [...]. Basel (Oporinus) 1557, S. 469f.: Das Zitat beginnt im Original: *Porrò Nicer fluvius, quem Neccarum hodie dicunt, oritur...* Wolfgang Lazius (1514-1565) war als Mediziner und Geschichtsschreiber Kaiser Ferdinands I. in Wien tätig.
⁷⁰ Elie Vinet-Vinetus publizierte 1551 in Paris eine Ausonius-Ausgabe, vgl. Ausonius, ed. Green, S. lxiii. Benutzt wurde die Ausgabe: Ausonii Burdigalensis viri consularis Omnia, quae adhuc in veteribus bibliothecis inveniri potuerunt, Opera [...] per Eliam Vinetum, Santonem, Iosephum Scaligerum & alios. Bordeaux 1603, S. 270.
⁷¹ Vgl. Abrahami Ortelii Antverpiani Thesaurus Geographicus recognitus et auctus. Hanau 1611, unter dem Eintrag 'Lupondum': *sic legit Rhenanus apud Ausonium, eo versu: Hostibus exactis, Nicrum super & Lupondum. Vbi nonnulli Lupondunum (! sic: Lupodunum) habent. Arcem censet, quam hodie Lupf vocant, non longè à Danubii fontibus. Sic quoque Lazius.*
⁷² Der Daktylus ist ein antiker Versfuß, der eine lange und zwei kurze Silben enthält, der Spondeus hat zwei lange Silben.
⁷³ Die Basler Edition konnte ich nicht feststellen, in Lyon erschienen 1548, 1558 und 1575 Ausgaben.
⁷⁴ 1472 und 1496 wurden zwei Ausgaben in Venedig publiziert, beide aber nicht bei Aldus Manutius. Erst die 1517er Ausgabe stammt aus dem Verlag von Aldus, Pariser Ausgaben erschienen 1511, 1513 und 1517 sowie 1551.
⁷⁵ Vinets Ausgabe erschien 1551, vgl. Anm. 70.
⁷⁶ Joseph Justus Scaligers bedeutende kommentierte Edition erschien 1575 in Lyon und 1588 in Heidelberg. Vgl. auch: Iosephi Scaligeri Iul. Caes. Fil. Ausonianarum lectionum libri duo. Bordeaux 1590.
⁷⁷ Nämlich in den ORIGINES PALATINAE vgl. ORIGINVM PALATINARVM, wie Anm. 6, S. 28.
⁷⁸ Gemeint ist hier Ostmitteleuropa.
⁷⁹ Gemeint ist das *Antonini Augusti Itinerarium*. Vgl die Ausgabe: Petrus Wesselingius: Vetera Romanorum Itineraria [...] Amsterdam 1735, S. 368.
⁸⁰ Vgl. Annalium et historiae Francorum ab anno Christi DCCVII. ad ann. DCCCXC. [...] Paris 1588, S. 40. Pierre Pithou (1537-1596) war einer der bedeutendsten Quelleneditoren zur fränkischen Geschichte im sechzehnten Jahrhundert.
⁸¹ ORIGINVM PALATINARVM, wie Anm. 6, S. 53-59.
⁸² In der ausführlichen und kommentierten Liste der Dörfer des Lobdengaus in den ORIGINES PALATINAE taucht S. 55 der Ort als *Cilolvesheim hodie Cilvesheim* auf. Es handelt sich um den aufgelassenen Ort

Zeilsheim nördlich des Ortskerns des alten Ladenburg. Vgl. Johann Goswin Widder: Versuch einer vollständigen Geographisch-Historischen Beschreibung der Kurfürstl. Pfalz am Rhein. 1. Teil. Frankfurt, Leipzig 1786, S. 461. Vgl. auch Anm. 94.

[83] Zumeist als Maskulinum *Burgus*.

[84] Vgl. Sidonius Apollinaris, ed. W. B. Anderson, wie Anm. 3, c. 22, V. 126-128.

[85] Der Mönch Otfried von Weissenburg im Elsaß schrieb um 868 in fränkischer Sprache eine Evangelienharmonie mit dem Titel: *Liber evangeliorum Domini gratia theotisce conscriptus*. 1631 wurde von Gotthard Vögelin eine Sammlung von Studien Frehers zu altdeutschen Texten, darunter auch Otfried und Williram publiziert. Vgl. Dietrich Kornexl: Studien zu Marquard Freher. Leben, Werke und gelehrtengeschichtliche Bedeutung. Diss. Freiburg im Breisgau. Bamberg 1967, S. 141, Nr. 55.

[86] Abt Williram von Ebersberg (gest. 5. Januar 1084) verfaßte in frühmittelhochdeutscher Sprache eine Paraphrase des Hohen Liedes. Vgl. Anm. 85.

[87] Die *Notitia Dignitatum* ist ein Staatshandbuch der römischen Reichsverwaltung, das um 410 n. Chr. angelegt wurde.

[88] Griechischer Historiker, der in der Frühen Kaiserzeit eine Römische Geschichte schrieb. Er erwähnt Lougoudounon in Buch 46,50.

[89] Unklar ist, welches „Turnierbuch" gemeint ist; jedenfalls nicht das Turnierbuch von Georg Rüxner. Vgl. Elmar Mittler (Hrsg.): Bibliotheca Palatina. Katalog der Ausstellung vom 8. Juli bis 2. November 1986 Heiliggeistkirche Heidelberg. Heidelberg 1986, Bd. 1, S. 294f. Bei Rüxner werden keine Ladenburger Grafen erwähnt.

[90] Gemeint sind die Annalen des Mönches Lampert von Hersfeld (gest. 1080). Er wurde 1058 in Aschaffenburg zum Priester geweiht.

[91] Das Kürzel ist aufzulösen: *Bono Patriae nato*.

[92] *cluet* ist eigentlich Futur, vgl. aber das analoge *cluebat* in der Anrede an den Leser.

[93] Die Urkunde ist eine Fälschung, vgl. Jürgensmeier, Das Bistum Worms, wie Anm. 9, S. 16 mit Anm. 17.

[94] Aufgelassener Ort (Botzheim) auf Ladenburger Gemarkung. Vgl. Hansjörg Probst: Die Wüstungen Botzheim und Zeilsheim. In der von Probst herausgegebenen Geschichte Ladenburgs (im Druck).

Porträt des Marquard Freher, eingebunden in: *ORIGINES PALATINAE*; Titelblatt der 3. Ausgabe, Heidelberg 1686 (Vorlage: UB Mannheim).

MARQUARD FREHER UND LVPODVNVM -
Ein Humanist als Anwalt des antiken Ladenburg

VORAUSSETZUNGEN

Der Humanismus ist als Geistesbewegung italienischen Ursprungs. Auch die Geschichtsauffassung der europäischen Humanisten erhielt wesentliche Impulse aus dem Mutterland dieser auf die Antike hin orientierten geistigen Strömung am Übergang des Mittelalters zur Frühen Neuzeit. Schon die frühen italienischen Humanisten wie Francesco Petrarca (1304-1374) waren von einer glühenden Vaterlandsliebe durchdrungen. Die Wiederbegegnung mit der klassisch-römischen Antike bedeutete für sie zugleich eine Besinnung auf die eigene nationale Vergangenheit des italienischen Volkes. Diese wurde durch die antike Vergangenheit also gleichsam geadelt.

Bereits Lorenzo Valla (um 1405-1457) hatte mit seiner Untersuchung der angeblichen Schenkung Kaiser Konstantins, die dem Patrimonium Petri gleichsam mit historisch-kritischer Sonde den Boden entzog, einer neuen Sicht des Mittelalters den Weg bereitet. Vor allem aber war es Flavio Biondo (Flavius Blondus, 1392-1462), der mit seinen zwischen 1440 und 1452 verfaßten *Historiarum ab inclinatione Romanorum imperii decades III*, die erstmals 1483 im Druck erschienen, mit der Dreiheit Altertum - Mittelalter - Neuzeit eine neue, humanistische Betrachtung der Geschichte begründete. In ihr konnte das Mittelalter als finstere Zeit gelten. Mehr noch hat Biondo mit einer anderen Idee auf den deutschen Humanismus eingewirkt: Seine 1453 abgeschlossene und 1474 im Druck erschienene *Italia illustrata* begründete eine historische Landeskunde Italiens, die versucht, die Geographie und Topographie Italiens seit der Antike detailliert darzustellen.[1]

Dabei macht er sich - wie Ulrich Muhlack[2] gezeigt hat - die doppelte Bedeutung des lateinischen *illustrare* zu nutze, das sowohl 'erhellen' im Sinn von 'erforschen' als auch 'preisen, rühmen' bedeutet: Seine historische Topographie Italiens erfüllt also den doppelten Zweck, die Kontinuität der italienischen Geschichte von der Antike bis zur eigenen Zeit am lokalen Detail zu erweisen und dadurch zugleich die Größe und den Ruhm des italienischen Vaterlandes zu demonstrieren. Die Geschichtsschreibung des italienischen Humanismus hat also nicht zuletzt die Aufgabe, nationale Identität zu stiften bzw. ihr die historische Legitimation zu verleihen.

Italienische Humanisten standen auch an der Wiege des deutschen, über die Geschichtsschreibung wesentliche Impulse empfangenden Nationalgefühls in der Übergangsperiode vom Spätmittelalter zur Frühen Neuzeit. Eine Initialzündung ging dabei fraglos von der Wiederentdeckung der *Germania* des Tacitus im frühen fünfzehnten Jahrhundert aus.[3] Autoren wie Enea Silvio Piccolomini oder Giovanni Campano nutzten in je unterschiedlicher Weise die in dieser Schrift angelegten Identifikationsangebote, um die Deutschen dieser Zeitepoche zum Wetteifer mit den ruhmreichen Taten ihrer germanischen Vorfahren anzustacheln. Dieser Diskussionszusammenhang weckte bei den deutschen Humanisten im Rückgriff auf das Unternehmen Flavio Biondos den Wunsch, es den Italienern gleichzutun und in einer *Germania illustrata* die große nationale Vergangenheit des deutschen Volkes zu erhellen und damit zugleich die Grundlagen einer Art machtvoller Wiedergeburt des Reiches der Deutschen zu legen.

Die Seele dieses Unternehmens war der deutsche 'Erzhumanist' Konrad Celtis (1459-1508) aus Wipfeld in Franken, der sich diese *Germania illustrata* - eine historisch-topographische, naturkundliche Phänomene einschließende Bestandsaufnahme - zur Lebensaufgabe machte.[4] Celtis selbst konnte indessen zu dem groß angelegten Unternehmen nur einige vorläufige Bausteine liefern, so eine Stadtbeschreibung Nürnbergs und eine Gedichtsammlung *Amores*, in der es darum ging, die vier Großregionen Deutschlands durch vier weitgehend allegorisch aufzufassende Geliebte zu repräsentieren. Als eine Art Abschlagszahlung auf die künftige *Germania illustrata* publizierte Celtis 1502 in Nürnberg einen Sammelband u. a. mit den erwähnten Werken - mehr als eine Verheißung war damit noch nicht gegeben.

Im Vergleich mit dem Unternehmen des Celtis nehmen sich Versuche aus dem älteren elsässischen Humanistenkreis, den Entwurf einer deutschen Nationalgeschichte zu geben, eher bescheiden aus. Jakob Wimphelings *Germania* etwa (publiziert 1501), die zwei Zwecken dient, nämlich den deutschen Charakter des Elsasses zu erweisen - das hat ihn in eine erbitterte Fehde mit dem Franziskaner Thomas Murner verwickelt - und die Ratsherren von Straßburg zur Gründung einer humanistischen Schule zu veranlassen, ist zwar ebenso von einem glühenden Nationalgefühl getragen wie seine *Epitoma Germanorum* von 1505, ein humanistischer Abriß der deutschen Kaisergeschichte, aber von einer wie auch immer gearteten kritischen Sichtung des historischen Materials konnte noch keine Rede sein.[5]

Auf einer wesentlich höheren Stufe stehen die historischen Arbeiten des Celtis-Schülers Johannes Aventinus (eigentlich Turmair 1477-1534) aus Abensberg in Bayern, dem es nicht zuletzt um die Erfüllung des Vermächtnisses seines Lehrers geht.[6] Der zumindest zeitweilig der Reformation zuneigende Historiker hat mit seinem *Bayrischer Chroniken kurzer Auszug* (1522) und seinem erst nach seinem Tod publizierten Hauptwerk *Annales Bojorum* (1554) künftiger humanistischer Geschichtsforschung den Weg gewiesen. Gründliche Bibliotheks- und Archivstudien sowie Ortsbereisungen legten, verbunden mit einem ausgeprägten kritischen Sinn, das Fundament für eine aus den Urkunden geschöpfte, durch die regionale Beschränkung erst ihre Zuverlässigkeit gewinnende Darstellung eines deutschen Teilterritoriums, die noch auf Goethe ihre Wirkung nicht verfehlt hat.

In anderer Weise sich zunächst auf die germanische Vorgeschichte der deutschen Nation beschränkend, ist der Elsässer Beatus Rhenanus (Beat Bild, geb. 1485 in Schlettstadt, wo heute noch seine umfangreiche Bibliothek zu besichtigen ist, gest. 1547 in Straßburg)[7] zu dem Historiker des deutschen Humanismus geworden, mit dem sich Marquard Freher bei seiner Rekonstruktion der Frühgeschichte Ladenburgs auseinanderzusetzen hatte. Als Schüler und zeitweiliger Mitarbeiter des Erasmus von Rotterdam schulte Beatus Rhenanus seinen kritischen Sinn zunächst durch die

Porträt des Beatus Rhenanus, in: Nicolaus Reusner, *ICONES sive IMAGINES VIRORVM LITERIS ILLUSTRIVM*, Straßburg 1587 (Vorlage: Privatbesitz).

akribische Sichtung von Handschriften für die Edition antiker Autoren wie Tertullian (Basel 1521), dessen Herausgabe jeden Editor vor große Probleme stellte. Weiter publizierte er die lateinischen Panegyriker (Basel 1520), eine Textrezension, die ebenfalls Marquard Freher beeinflußt hat, und viele andere profane und kirchliche Autoren der Antike. So ist er nicht zu Unrecht als Meister der Konjektur bezeichnet worden. In seinen *Rerum Germanicarum Libri III*, die zuerst 1531 in Straßburg publiziert wurden, dann erneut 1551, - die von uns benutzte Ausgabe Straßburg 1610 enthält u. a. auch eine wichtige *Beati Rhenani Vita* von dem Straßburger Gymnasiarchen Johannes Sturm - wendet er die in den Ausgaben antiker Autoren entwickelte kritische Methode der möglichst vollständigen vergleichenden Sichtung des urkundlichen Materials auf die frühe germanische Geschichte des deutschen Kulturraumes an, um so zu gesicherten Ergebnissen zu kommen. Neben die literarische Überlieferung der Antike tritt die Sammlung der materiellen Überreste, vor allem der römischen Inschriften, die für ihn einen wesentlichen Beitrag zur genauen Bestimmung etwa der Lage römischer Orte leisten sollten.

Beatus Rhenanus, der die für die germanische Vorgeschichte wichtigen spätantiken Quellen genau kennt, scheut sich auch nicht, durch Autopsie sich gegebenenfalls ein genaues Bild von den Verhältnissen 'vor Ort' zu machen, wie er mehrfach betont. Sprachvergleichende und etymologische Untersuchungen ergänzen das Bild der Überlieferung. Das tiefe patriotische, aus der Grenzlage des Elsasses zu Frankreich verstärkte Gefühl des Rhenanus kommt nicht zuletzt darin zum Ausdruck, daß er über die Darstellung der spätantiken und frühmittelalterlichen Verhältnisse vor allem Süddeutschlands hinaus in sein Werk kleine abgerundete Städtemonographien einschließt, die auch Ausblicke auf die Zeit des Autors bieten, so ganz besonders für seine Heimatstadt Schlettstadt. Auch Beatus Rhenanus zollt damit dem Programm der *Germania illustrata* seinen Tribut.

In der Sammlung antiker Inschriften, um sie als Zeugnisse für die (römische) Vergangenheit der deutschen Städte heranzuziehen und auszuwerten, ist indessen Beatus Rhenanus keineswegs ein

Einzelgänger. Bereits vor ihm wurden etwa im Augsburger Humanistenkreis um Konrad Peutinger (1465-1547) römische Inschriftensteine gesammelt und diskutiert, Peutinger selbst gab eine Sammlung von *Inscriptiones romanae* 1520 in Augsburg heraus und diskutierte in seinen gelehrten Tischgesprächen (*Sermones convivales* - zuerst 1506) damit zusammenhängende Fragen der deutschen Frühgeschichte.[8] Mit Peutingers Namen ist auch die *Tabula Peutingeriana* verbunden, eine hochmittelalterliche Kopie einer römischen Straßenkarte, die auf Marcus Agrippas Erdkarte aus der augusteischen Zeit zurückgeht, in der kopierten Fassung aber aus der Spätantike stammt. Die *Tabula Peutingeriana*, eine der wichtigsten Quellen für die Topographie der römischen Antike, war dem Augsburger Humanisten von Konrad Celtis überlassen worden, der sie in Worms gefunden hatte. Peutinger hatte sie aber nicht mehr publizieren können. Erst 1591 hat der bayerische Geschichtsforscher Marcus Welser[9] Bruchstücke von ihr publiziert - Freher nutzt sie in seiner Abhandlung über Lupodunum -, aber erst 1714 tauchten die zwölf Originalpergamenttafeln wieder auf. Heute werden sie in der Österreichischen Nationalbibliothek aufbewahrt.

Auch im kurpfälzischen Humanismus begann man sich früh für römische Inschriften zu interessieren. Von dem lange Zeit in Ladenburg residierenden Wormser Bischof und Heidelberger Universitätskanzler Johann von Dalberg (1482-1503) ist bekannt, daß er gerade in Ladenburg antike Funde sammeln ließ und sich an ihrer Erforschung beteiligte.[10]

Mit vielen der genannten humanistischen Vorgänger, besonders aber Beatus Rhenanus, setzt sich Marquard Freher bei seiner Erörterung der Lokalisierung des antiken Lupodunum auseinander. Dabei ist er sich wohl bewußt, es mit einem bedeutenden Kontrahenten zu tun zu haben, nennt er Beatus Rhenanus doch einen *aliàs optimè de litteris meritum, & imprimis in Germanicis rebus indagandis cumprimis feliciter versatum*. Er bescheinigt ihm also, sich nicht nur um die historischen Wissenschaften hoch verdient gemacht zu haben, sondern auch bei der Erforschung der Germanengeschichte besonders glücklich und erfolgreich gewesen zu sein. Um so verdienstvoller ist es von daher zu nennen, daß sich Marquard Freher nicht von der Autorität des großen Vorgängers einschüchtern ließ, sondern in der für ihn sehr wichtigen Frage, wo denn das antike Lupodunum gelegen habe, gegen den sonst verehrten Meister deutlich Stellung bezog.

DER AUSGANGSPUNKT UND DIE METHODE DER UNTERSUCHUNG FREHERS

Der Form nach ist Marquard Frehers Abhandlung über das antike Ladenburg ein *Commentarius*, ein alle antiken und frühmittelalterlichen Quellen einbeziehender, erörternder Diskurs eines Problems, der von einer Textstelle in der antiken Literatur seinen Ausgang nimmt. Es sind die Verse 423f. der *Mosella* des spätantiken Dichters Magnus Decimus Ausonius:
Hostibus exactis Nicrum super et Lupodunum
Et fontem Latiis ignotum annalibus Histri [...]
Und die entscheidende Frage ist, wo dieses Lupodunum zu suchen sei.

Decimus Magnus Ausonius,[11] der Autor dieses Idylls *Mosella*, einer der fruchtbarsten lateinischen Dichter des vierten Jahrhunderts, war etwa 310 n. Chr. in Burdigala (Bordeaux) geboren. Sein Vater, der in Bordeaux als Arzt tätig war, entstammte einer wohlhabenden Familie aus Aquitanien, in der man noch Griechisch sprach. Ausonius erhielt seine Schulbildung bei Grammatikern in seiner Heimatstadt und in Toulouse. 25jährig übernahm er in Bordeaux eine Stelle als Grammaticus, d. h. als Lehrer der sprachlichen Grundlagenfächer in Latein und Griechisch, bald darauf einen Lehrstuhl für Rhetorik. Seine Gattin Attusia Lucana Sabina, die ihm drei Kinder gebar, verlor er, als sie achtundzwanzig Jahre alt war.

Nach dreißigjähriger Berufstätigkeit wurde Ausonius um 365 als Erzieher des Kronprinzen Gratian an den Trierer Kaiserhof berufen, und er begleitete den jungen Prinzen und seinen Vater auf dem Alamannenfeldzug, der 369 mit einem von Ausonius in der *Mosella* erwähnten Triumph in Trier siegreich beendet wurde. Um

D. MAGNI
AVSONII
BVRDIGA-
LENSIS
MOSEL-
LA.
CVM
COMMENTARIO
MARQ. FREHERI
P. M. CONSILIARII AR-
CHIPALATINI ET CVRIÆ
PRÆSIDIS VI-
CARII:

In quo præter AVSONII, *multa* AV-
CTORVM *aliorum, multa veteris*
GERMANIÆ, *illustran-*
tur & expli-
cantur.

Cum Privilegio quindecenni S. ROM.
IMP. VICARII.
TYPIS GOTTHARDI VOEGELINI.

MOSELLA des Ausonius, Textausgabe und Kommentar bearbeitet von Marquard Freher, Heidelberg 1619 (Vorlage: UB Heidelberg).

371 verfaßte Ausonius die *Mosella*. In dieser Zeit, besonders aber nach dem Tod Valentinians, stieg der ehemalige Rhetorikprofessor immer höher in der Ämterlaufbahn auf, 378 wurde er zum ranghöchsten Beamten der gallischen Provinzen und im folgenden Jahr zum ersten Konsul ernannt. Nach dem gewaltsamen Tod seines Zöglings Gratian infolge der Usurpation des Magnus Maximus 383 zog sich Ausonius aus dem öffentlichen Leben zurück und ging nach 389 wieder nach Bordeaux. Seine Heimatstadt hat er im letzten Gedicht eines Städtelobzyklus' *Ordo urbium nobilium* über die bedeutendsten Städte des Imperium Romanum enthusiastisch als *natale solum* (Heimatboden) gefeiert, obgleich er sich bewußt war, daß die Stadt kaum einen Vergleich mit den von ihm gepriesenen anderen Großstädten des Imperiums, darunter Trier, aushalten könne. In seiner Heimatstadt ist er wohl nach 393 verstorben.

Unter seinen zahlreichen, für die Kulturgeschichte des vierten Jahrhunderts wichtigen Gedichtsammlungen, darunter eine poetische Würdigung seiner Professorenkollegen aus Bordeaux (*Commemoratio Professorum Burdigalensium*) und seiner verstorbenen Angehörigen (*Parentalia*), ragen die 483 Hexameter der *Mosella* deutlich heraus. Da in diesem Gedicht verklärend und überhöhend erstmals die liebliche Landschaft eines deutschen Flusses ausführlich wiedergegeben wird, hat es früh Aufmerksamkeit erregt und ist eingehend kommentiert worden. Um seinetwillen ist der Poet, der in der Philologie des neunzehnten Jahrhunderts vielfach zum bloßen Rhetoriker abgestempelt worden war, immer wieder gelesen worden, zumal über die poetische Qualität hinaus dem Gedicht ein nicht unbedeutender Quellenwert für die Bemühungen der Kaiser Valentinian I. und Gratian zukommt, die Germanengefahr abzuwehren und das römische Herrschaftsgebiet am Rhein zu sichern. Umfangreiche - auch von Marquard Freher in seine Überlegungen einbezogene - Kommentare veröffentlichten im sechzehnten Jahrhundert Elias Vinetus (zuerst 1551)[12] und Joseph Justus Scaliger (zuerst 1575), letzterer einer der wichtigsten Philologen seiner Zeit.

Auch Marquard Freher hat sich intensiv mit der *Mosella* beschäftigt. So erarbeitete er einen gründlichen, im Druck 128 Seiten Text sowie Wortindices umfassenden Kommentar zu dem Gedicht: D. MAGNI/ AVSONII/ BVRDIGA-/LENSIS MOSEL-/LA./ CVM/ COMMENTARIO/ MARQ. FREHERI/ [...], der erst fünf Jahre nach dem Tod Frehers 1619 von dem Heidelberger Drucker Gotthard Vögelin, der auch den Kommentar über Lupodunum herausgab, publiziert werden konnte. In diesem bis dahin umfangreichsten Kommentar verwertet Freher kritisch die Forschungsergebnisse der humanistischen Philologen, im Detail übernimmt er vielfach Scaligers Ergebnisse. Er ergänzt sie aber besonders an den Stellen, an denen ihm seine archäologisch-epigraphischen Kenntnisse eine andere Deutung nahelegen, - so eben auch im Fall von Lupodunum, wo Scaliger der Zuweisung des Beatus Rhenanus zu der Stammburg der Grafen *Lupf(en)* bei Trossingen gefolgt war.

Um dies zu widerlegen und LADENBURG als das antike Lupodunum zu erweisen, holt Freher weit aus. Er bezieht praktisch alle ihm bekannten Quellenschriftsteller der Spätantike, vor allem Ammianus Marcellinus, den Geschichtsschreiber des späteren vierten Jahrhunderts, und die *Panegyrici Latini*, eine Sammlung von zwölf Lobreden auf verschiedene Kaiser der Spätantike, in seine Überlegungen ein und kann so das Geschehen der Jahre 368/69 n. Chr. unter den Kaisern Valentinian I. und Gratian zutreffend im Raum der Mündung des Neckars in den Rhein lokalisieren. Freilich irrt er sich notwendigerweise bei der genauen Festlegung, da er nicht wissen konnte, daß die Einmündung des Neckars in den Rhein in der Spätantike etwas südlicher lag als die heutige Stelle. Um zu erhärten, daß mit Lupodunum LADENBURG gemeint sei, begnügt er sich aber keineswegs mit den spätantiken Schrift- und Monumentalzeugnissen, sondern berücksichtigt in großem Umfang auch die urkundliche Überlieferung des fränkischen Frühmittelalters wie den *Codex Laureshamensis* und fränkische Königsurkunden.

Der Urkundenanhang zu der Abhandlung über Lupodunum hat fast ausschließlich den Zweck, Belege für die verschiedenen Namensformen von Lupodunum-Ladenburg zu sammeln und durch eine möglichst lückenlose Reihe den Beweis zu führen, wie aus Lupodunum das zeitgenössische Laudenburg bzw. Ladenburg wurde. Daß er dieses Beweisziel mit weniger exakten philologischen Mitteln verfolgt hat als die heutige sprachhistorische Forschung, ist dem Polyhistor des frühen siebzehnten Jahrhunderts nicht anzulasten. Als größtes Manko erweist sich aus heutiger Sicht in seiner Beweisführung, daß ihm der keltische Ursprung[13] des Namens Lupodunum entgangen ist, den er angesichts der von ihm gesammelten Belege für die Endung -dunum, die zumeist aus dem gallischen Gebiet stammen, wohl zumindest hätte ahnen können. Dabei stand ihm freilich wohl auch ein patriotisches Bestreben im Weg, ging es ihm doch nicht zuletzt darum zu zeigen, daß die Gegend um Ladenburg schon in der Antike in den Händen der germanischen Alamannen gewesen sei. Er nimmt daher von den Kelten keine Notiz.

Insgesamt kann festgestellt werden, daß Marquard Freher mit den archäologischen, historischen und philologischen Mitteln seiner Zeit eine erstaunliche Leistung gelungen ist. Sie mußte von der modernen Forschung natürlich in vielem modifiziert und präzisiert werden, ihr grundsätzliches Beweisziel hat aber durchaus Bestand.

DER AUTOR

Marquard Freher (geb. 26. Juli 1565 in Augsburg, gest. 13. Mai 1614 in Heidelberg)[14] stammte aus einer alten, ursprünglich aus dem württembergischen Leonberg kommenden Gelehrtenfamilie. Nach einer Familienüberlieferung führten sich die Freher auf ein Adelsgeschlecht *von Weysach* zurück. Sie seien ursprünglich Freiherren gewesen. Der erste Träger des in der Familie verbreiteten Vornamens Marquard (ca. 1425-1473) hatte sich als Doktor der Medizin in Dinkelsbühl niedergelassen und eine adlige Dame aus dem Geschlecht von Kessingen geehelicht. Dessen Sohn Marquard II. (ca. 1460-1535) wohnte nach dem Medizinstudium in Perugia zunächst ebenfalls in Dinkelsbühl, siedelte aber 1502 nach Augsburg über, wo er Elisabeth Manlich, die Tochter eines Augsburger Patriziers, heiratete und sich sehr früh dem Luthertum zuwandte. Sein Sohn Hieronymus, der Großvater unseres Marquard, trat weniger als Gelehrter hervor, sondern eher als mit dem Augsburger

Porträt des Marquard Freher, gestochen von Johann Jakob Haid, um 1740 (Vorlage: Privatbesitz).

Patriziat eng verbundener Stadtpolitiker. So wurde er 1549 bei der Umwandlung des Stadtregiments auf Veranlassung Kaiser Karls V. in den Großen Rat der Stadt aufgenommen, ohne selbst Patrizier zu sein, und gehörte mehrere Jahre dem Stadtgericht an. Aus der Ehe mit Magdalena Rem, die aus einem alten Augsburger Patriziergeschlecht stammte, ging Marquard III. hervor (1542-1601), der in Bologna den juristischen Doktorgrad erwarb und u. a. seit 1566 in Speyer als Advokat und Assessor am Reichskammergericht tätig war, später u. a. als brandenburgisch-ansbachischer Rat und Nürnberger Ratskonsulent. Zeitweilig von dem kurpfälzischen Administrator Johann Casimir nach Neumarkt in die Oberpfalz als Kanzler berufen (1585), mußte Marquard III. wegen verschiedener Anschuldigungen dieses Amt aufgeben, zog sich nach Amberg zurück, ging aber von dort 1592 wieder nach Nürnberg, das er 1595 in Speyer vertrat. 1564 hatte er in Augsburg die Patrizierin Felicitas Mannhart geheiratet, und aus dieser Ehe stammte der bedeutendste Gelehrte der Familie, eben Marquard IV.

Seine erste gründliche humanistische Bildung erhielt der junge Marquard als einer ihrer ersten Studenten an der 1575 neugegründeten Altdorfer höheren Schule Nürnbergs, einer Art Hochschule zwischen Lateinschule und Universität, ähnlich den Gymnasia illustria. Altdorf, seit 1580 Akademie, wurde 1623 Universität (und bestand als solche bis 1806). Der von den alten Sprachen bestimmte Bildungsgang ruhte auf den Grundlagen, die Philipp Melanchthon und der Straßburger Schulrektor Johannes Sturm geschaffen hatten. Neben den altertumskundlichen Fächern wurden den fortgeschritteneren Schülern bzw. Studenten auch schon Vorlesungen in der Jurisprudenz angeboten, 1576-1582 unterrichtete etwa Johannes Thomas Freigius, danach u. a. Hugo Donellus, Scipio Gentilis und Konrad Rittershausen. Später traf Freher einige von ihnen in Heidelberg wieder.

Bereits 1581 disputierte Freher mit einem juristischen Thema. Da in Altdorf keine juristischen Grade erworben werden konnten, inskribierte sich Marquard Freher 1581/82 in Basel, das eine bedeutende juristische Fakultät hatte. Er erhielt u. a. von Basilius Amerbach erste Anregungen zu rechtshistorischen Studien. Spätestens 1583 wechselte er an die französische Universität Bourges, die mit dem Schulhaupt Jacobus Cuiacius (1522-1590) eine der Hochburgen der französischen Rechtsschule des 'mos Gallicus' war. Darunter versteht man eine humanistische Rechtsschule, die im Gegensatz zum 'mos Italicus' der meisten italienischen Universitäten, über die mittelalterlichen Glossatoren hinweg direkt auf die antik-römischen Rechtsquellen zurückgriff und sie mit historisch-philologischen Methoden interpretierte. Auch Marquard Freher schloß sich dieser historisch-humanistisch ausgerichteten Rechtsschule an. In Bourges erwarb er als Schüler des Cuiacius (Cujas) sicher die Grade eines Baccalaureus in jure civili und den eines licentiatus.

1585/86 verließ Marquard Freher Frankreich. Von Neumarkt in der Oberpfalz aus, wo gerade sein Vater amtierte, bewarb sich Marquard um den Eintritt in kurpfälzische Dienste, und tatsächlich hat er unter dem Administrator Johann Casimir seit 1587, später unter Friedrich IV. (1592-1610) und bis zu seinem Tod 1614 in ganz verschiedenen Funktionen der pfälzischen Regierung als *Consiliarius Archipalatinus* gedient. Er verkehrte in einem Kreis, dem so bedeutende Männer wie der neulateinische Dichter Paulus Schede Melissus, der Bibliothekar der Bibliotheca Palatina Janus Gruterus und der Jurist Scipio Gentilis angehörten. 1588 verlieh ihm der Administrator Johann Casimir den Wappen- und Adelsbrief. Nach dem überraschenden Tod Johann Casimirs übernahm Freher in zwei Reden mit Erfolg die Aufgabe, die Thronansprüche des calvinistisch erzogenen Friedrichs IV. anläßlich von dessen achtzehntem Geburtstag gegen den lutherischen Pfalzgrafen von Simmern zu verteidigen, der die Vormundschaft über Friedrich beanspruchte.

1596 zum Dr. juris utriusque promoviert, erhielt er die Professur des Codex und wurde Mitglied des juristischen Lehrkörpers der Universität Heidelberg, gab aber bereits 1598 wegen seiner Belastungen als kurpfälzischer Rat das Lehramt an der Universität wieder auf. Gesandtschaften führten ihn u. a. 1602 nach Warschau und 1605 zum Wormser Bischof nach Ladenburg. Er kannte also Ladenburgs damals sichtbare römische Überreste aus eigener Anschauung. 1611 ging er als pfälzischer Gesandter nach Speyer und im folgenden Jahr nach Aachen. Inzwischen war er 1606 zum Vizepräsidenten des kurpfälzischen Hofgerichtes in Heidelberg ernannt worden. Zu seiner juristischen Tätigkeit gehörten Gutachten in Vormundschaftsfragen für die Söhne Kurfürst Friedrichs IV. und eine grundsätzliche Auseinandersetzung mit dem bayerischen Archivar Christoph Gewold um die pfälzische Kurwürde in den Jahren nach 1612, die in ganz Deutschland beachtet wurde. Diesen Fragenkomplex untersuchte ausführlich Brigitte Schwan.[15]

Freher war zweimal verheiratet, einmal mit Katharina, Tochter des berühmten Arztes Johannes Wierius-Weier. Sie starb bereits nach fünfjähriger Ehe 1598. Marquards zweite Gemahlin wurde Margarete Bock von Gutmannsdorf (1599). Aus dieser Ehe stammten drei Kinder, zwei jung verstorbene Söhne und eine Tochter Loysa Christina, die später den Nürnberger Juristen Justinus Herdesianus (Herdesheim) ehelichte. Marquard Freher starb am 13. Mai 1614 in Heidelberg.

Der Autor der ersten Abhandlung über die Geschichte Ladenburgs entspricht dem Bild eines polyhistorischen Universalgelehrten des Späthumanismus. Neben - hier nicht zu würdigenden - juristischen Fachschriften ist Marquard Freher durch eine Fülle vor allem historischer Arbeiten hervorgetreten. Das chronologische Verzeichnis seiner Publikationen bei Kornexl umfaßt nicht weniger als sechsundfünfzig größere Arbeiten.[16] Hinzu kommen zahlreiche Manuskripte, die Freher hinterlassen hat. Darunter befanden sich nicht wenige geplante bzw. mehr oder weniger ausgeführte Werke zur Geschichte der Kurpfalz wie *Elogia Palatinorum principum*, also Lobreden auf die Pfälzer Kurfürsten, eine Abhandlung über das Rheingold (*De auro Rhenano*) und eine Lebensbeschreibung des einzigen pfälzischen Kurfürsten, der deutscher König wurde (*Ruperti Romanorum regis vita*). Auch mit dem in *De Lupoduno* berührten Themenkreis hat sich Marquard Freher noch weiter beschäftigt. So hinterließ er Anmerkungen zu den *Germanicarum Rerum Libri III* des Beatus Rhenanus und eine Studie über die alamannischen Eigennamen (*De nominibus propriis Alemannicis*), dazu viele andere historisch-philologische Ausarbeitungen.

ORIGINVM
PALATINARVM
COMMENTARIVS.

De gentis & dignitatis eius primordiis; tum Heidelbergæ & vicini tractus antiquitate.

MARQVARDO FREHERO, M. F. Consiliario Palatino, auctore.

ACCESSIT

Eiusdem, de legitima Electoris Palatini ætate, disputatio ex facto nata.

Et Appendix, quo HVB. THOMAE LEODII commentatio, aliaque eiusdem argumenti continentur.

HEIDELBERGÆ.
Ex Officina Comeliniana.
Anno M D XCIX.

Marquard Freher, *ORIGINVM PALATINARVM COMMENTARIVS*, Titelblatt der 1. Ausgabe, Heidelberg 1599 (Vorlage: UB Mannheim).

ORIGINVM
PALATINARVM
COMMENTARII

APPENDIX.

MARQVARDO FREHERO, M.F.
Consiliario Palat. editore.

Quo quæ contineantur, versa pagina indicabit.

HEIDELBERGÆ,
Ex Officina Comeliniana,
Anno M. D. XCIX.

Marquard Freher, *ORIGINVM PALATINARVM COMMENTARII APPENDIX;*
Titelblatt der 1. Ausgabe, Heidelberg 1599 (Vorlage: UB Mannheim).

Das historische Schrifttum nimmt den Hauptanteil unter den publizierten Arbeiten Frehers ein. Selbst wenn es auf den ersten Blick verwundern mag, daß ein Jurist zahlreiche historische Fachschriften publiziert hat, ist dies in der Frühen Neuzeit keineswegs ungewöhnlich. Die Historie war als Fachdisziplin an den Universitäten noch nicht fest etabliert. Zumeist wurden historische Themen in der Artistenfakultät, der Vorgängerin der späteren philosophischen Fakultät, von den Lehrern der Rhetorik und der philologischen Fächer mitbetreut, in der Theologie wurde die Kirchengeschichte mitbehandelt. Da vielfach historische Fragen mit staatsrechtlichen zusammenhingen, etwa um aus alten Urkunden Rechtsansprüche von Fürsten herzuleiten oder zu begründen, haben sich vor allem im Rahmen des Staatsrechts nicht zuletzt auch Juristen in der Frühen Neuzeit mit der Geschichte auseinandergesetzt. Gerade in dem Streit zwischen den pfälzischen und bayerischen Wittelsbachern um die Kurwürde, die bekanntlich am Ende des Dreißigjährigen Krieges dadurch gelöst wurde, daß für die Kurpfalz eine achte Kur geschaffen wurde, spielten in den Publikationen der beiden Protagonisten Christoph Gewold und Marquard Freher historische Argumente eine zentrale Rolle.

Über solche Anwendungsbereiche hinaus beschäftigte sich Marquard Freher intensiv mit den Quellen zur deutschen Geschichte. Vor allem in der pfälzischen Landesgeschichtsforschung legte er mit den zuerst 1599 erschienenen und 1612/13 erweiterten und umgearbeiteten *ORIGINES PALATINAE* (Ursprünge der Kurpfalz) den Grund für alle späteren Arbeiten, so besonders für die Untersuchungen der im achtzehnten Jahrhundert von Kurfürst Karl Theodor gegründeten Pfälzischen Akademie der Wissenschaften. Alle spätere Forschung in diesem Bereich baut auf dem von Marquard Freher gesammelten Material auf. Im achtzehnten Jahrhundert nannte man ihn im ersten, 1766 erschienenen Band der *Acta Academiae Theodoro-Palatinae* (S. 216) den *nach Alter und Gelehrsamkeit Ersten unter den Pfalzhistorikern* (scriptorum rerum Palatinarum aetate et eruditione princeps).

Zeittypisch vereinigt Freher in seinen *ORIGINES PALATINAE* Quellensammlung und Quellenpräsentation mit einer diskursiven Darstellung der frühen römischen, alamannischen und fränkischen

Geschichte des kurpfälzischen Raumes. Er gibt aber auch Ausblicke auf die spätere Zeit, ja auf die damalige Gegenwart, so etwa (in der zweiten Bearbeitung) den einzigen Augenzeugenbericht über die Gründung der Stadt Mannheim durch Kurfürst Friedrich IV., der sich erhalten hat. Noch heute erregt es Bewunderung, in welch breitem Umfang die schriftlichen Quellen und materiellen Überreste einschließlich der römischen Inschriften und der althochdeutschen Sprachdenkmäler von Marquard Freher herangezogen wurden, um die Geschichte der Kurpfalz zu „erhellen" (*illustrare*). Eine besondere Stärke der *prima pars* der ORIGINES PALATINAE liegt zweifelsohne in der minutiösen historisch-geographischen Beschreibung der Einteilung der alten fränkischen Gaue. Dabei zieht er zur Rekonstruktion nicht nur erstmals in großem Umfang den *Codex Laureshamensis* bzw. das *Chronicon Laureshamense*, den Lorscher Kodex mit den Schenkungsurkunden an das Kloster des Heiligen Nazarius, heran, sondern auch merowingische und karolingische Königsurkunden, ohne freilich gefälschte von echten in jedem Fall unterscheiden zu können. Sogar über das Alter und den Ursprung der Pfalzgrafschaft macht sich Freher eingehende Gedanken.

Im vierten Kapitel der *pars prima* (Ausgabe 1599, S. 24-34), überschrieben *DE NICRO FLVVIO, LIMITE Posteriore. Praesidia ad eum Romana, in montibus Abrinsberg & Heidelberg. Lupodunum Ausonii, postea Lobdeburg dictum. Manheim* stellt er schon fast alles zusammen, was an schriftlichen und archäologischen Zeugnissen über den Mündungsraum des Neckars zu seiner Zeit bekannt war. In seiner Abhandlung *De Lupoduno* wiederholt er nicht wenige dieser Zeugnisse. So beschreibt er den Rhein und seine Zuflüsse und führt bereits an, welche römischen Kaiser ihn überschritten hätten, um gegen die Germanen zu Felde zu ziehen. Die Stelle in der *Mosella* des Ausonius, die die Veranlassung zur Schrift *De Lupoduno* geben wird, ist schon hier angeführt.

Allerdings ist er in den ORIGINES PALATINAE etwas vorsichtiger bezüglich der Identifikation Ladenburgs mit dem alten *Lupodunum* des Ausonius, läßt aber unzweifelhaft durchblicken, daß er sie für sehr wahrscheinlich hält. In der Abhandlung über *Lupo-*

ORIGINVM
PALATINARVM
Pars Prima.

MARQVARDO FREHERO
M. F. Confiliario Archi-Palatino
Auctore.

In qua præter gentis & dignitatis Palatinæ primordia, tum Haidelbergæ & vicini tractus antiquitatem, multa scitu digna quà ad universam Germaniam, quà ipsum Imperium Rom. novè exponuntur.

Editio Secunda, innumeris locis melior, et locupletior.

Cum Privilegio S. R. IMP. VICARII.

TYPIS GOTTHARDI VOEGELINI.

MDCXIII.

Marquard Freher, *ORIGINVM PALATINARVM Pars Prima*, Titelblatt der 2. Ausgabe, Heidelberg 1613 (Vorlage: UB Heidelberg).

ORIGINES PALATINÆ

Authore
MARQUARDO FREHERO. M.F.
Confiliatio quondam Archi-palatino.

In quibus præter gentis & dignitatis Palatinæ primordia, tum Haidelbergæ & vicini tractus antiquitatem, multa fcitu digna, quà ad univerfam Germaniam, quà ipfum Imperium Rom. exponuntur.

Ubi non tantùm res Palatinæ, fed & multa alia recondita ad Rhenum, totamque adeò antiquitatem Germanicam pertinentia pariter fuo ordine tractantur.

Editio tertia.

HEIDELBERGÆ
Sumptibus Joh. Mich. Rudigeri Academ. Bibliop.
Typis Philippi Delborn.
MDCLXXXVI.

Marquard Freher, *ORIGINES PALATINAE*, Titelblatt der 3. Ausgabe, Heidelberg 1686 (Vorlage: UB Mannheim).

dunum sind dann auch die letzten Zweifel ausgeräumt. Ausführlicher wird der *Abrinsberg* mit dem Heiligenberg identifiziert und die im Volksmund so genannten *Heidenlöcher* mit der Antike in Verbindung gebracht. Außerdem führt er zwei römische Inschriftensteine an, die im Handschuhsheimer Rathaus aufbewahrt wurden. Ebenso werden die Ruinen auf dem Gaisberg als römische Relikte angesehen. Zum (römischen) Mannheim führt er schon in den ORIGINES PALATINAE die Ammianus Marcellinus-Stelle an, die er in *De Lupoduno* ausführlich kommentieren wird, und lokalisiert am Zusammenfluß von Rhein und Neckar bei Mannheim das *castrum eximium & natura loci egregiè munitum* Valentinians.

Das vierte Kapitel des ersten Teils der ORIGINES PALATINAE verhält sich zu der Abhandlung über *Lupodunum* etwa wie eine Skizze zum ausgeführten Bild. In einigen Beigaben zu seinem Hauptwerk knüpft Freher an die ältere humanistische Geschichtsschreibung der Pfalz an und druckt einen Auszug aus der Lebensbeschreibung Kurfürst Friedrichs II. von Hubert Thomas Leodius aus Lüttich (gest. 1556/57)[17] ab, ferner enthalten die ORIGINES PALATINAE u. a. eine Abhandlung und eine Ode des bedeutendsten neulateinischen Dichters der Kurpfalz Paulus Schede Melissus (1539-1602)[18] auf den Ursprung des Namens Heidelberg, an die Freher eigene Betrachtungen anknüpft, ebenso eine Lobrede auf den Kraichgau von dem Theologen David Chytraeus (1530-1600)[19], die Freher wieder zu eigenen Erörterungen nutzt.

So bilden die ORIGINES PALATINAE ein Corpus der kurpfälzischen Geschichte, das 1686 und 1748 erneut gedruckt werden konnte, weil ihm immer noch ein hoher dokumentarischer Wert zukam. Schon im siebzehnten Jahrhundert hat der pfälzische Schulmann Michael Cramer (gest. nach 1654) Frehers Hauptwerk übersetzt - diese Übersetzung ist unverdientermaßen bis heute Manuskript geblieben und wird in der Bayerischen Staatsbibliothek München verwahrt (cgm 2850, fol. 1ff.).

Neben dieses historiographische Hauptwerk Frehers treten mehrere kleinere Abhandlungen, unter denen die über Ladenburg keinen geringen Platz einnimmt. Der Kommentar zu der *Mosella* des Ausonius, der im Philologischen weitgehend auf den Arbeiten Vinets und Scaligers fußt, ist wegen der ausgezeichneten historisch-topographischen Kenntnisse Frehers noch im neunzehnten Jahrhundert sehr geschätzt worden. H. de La Ville de Mirmont, der 1889 eine kommentierte Neuausgabe der *Mosella* veranstaltete, bescheinigt der Edition Frehers, sehr wichtig zu sein: *Les commentaires de l'edition de 1619 sont très utiles, surtout au point de vue de l'histoire et de la géographie*.[20] Und mit einer unter dem Pseudonym *Weyrich Wettermann aus der Wetterau* herausgegebenen Schrift, in der Freher nachweist, daß die Wetterau nicht mit dem alten Fürstentum Hessen identisch ist, wird Marquard zum zweiten Historiker dieser Landschaft nach Erasmus Alberus.

Marquard Freher ist aber nicht nur als Geschichtsschreiber für die historische Forschung bedeutend geworden, sondern auch als Editor. Seine monumentale dreibändige Edition der *Germanicarum Rerum Scriptores*, die an ältere Bemühungen des sechzehnten Jahrhunderts anknüpft,[21] blieb nach ihrer Erstveröffentlichung 1600-1611 lange Zeit eines der wichtigsten Kompendien von Quellen zur mittelalterlichen deutschen Reichsgeschichte bis in das sechzehnte Jahrhundert hinein. Es enthält nicht wenige bessere, vollständigere oder gar völlige Ersteditionen wichtiger Geschichtsquellen als in den älteren Sammlungen. Noch im achtzehnten Jahrhundert hat der Polyhistor B. G. Struve eine dritte Ausgabe dieses gewaltigen Werkes in Straßburg (1717) herausgegeben; für einige das sechzehnte Jahrhundert betreffende Texte muß man noch heute die Freher-Struvesche Ausgabe benutzen. Mit einem dieser Sammlung beigegebenen *Directorium* gab Freher zugleich eine erste quellenkundliche Übersicht über die Quellen zur Geschichte des deutschen Mittelalters, die ebenfalls für lange Zeit wissenschaftlichen Wert hatte.

Freher edierte ferner Quellen zur böhmischen, französischen und russischen Geschichte sowie erstmals die Bayerische Chronik Andreas von Regensburgs und die *Opera historica omnia* des Humanisten Johannes Trithemius (gest. 1516), darunter auch Teile der *Annales Hirsaugenses*, die in der Abhandlung über Ladenburg Erwähnung finden. Zeitgebundener als diese Editionen waren mehrere Abhandlungen Frehers über antike Münzen und Medaillen. Diese Aufsätze sind durch den weiteren Gang der Forschung rasch überholt worden.

Würdigt man das historiographische Schaffen Frehers in seiner Gesamtheit, darf man feststellen, daß er fraglos zu den bedeutendsten deutschen Historikern der Frühen Neuzeit gehört und in der Landesgeschichtsforschung der Kurpfalz künftigen Forschergenerationen den Weg wies. Daneben hat sich Freher außer als juristischer Autor auch als neulateinischer Dichter betätigt, nicht zufällig haben viele seiner lateinischen Gedichte mit politischen Gegenständen zu tun. So verfaßte er zum Beispiel ein umfangreiches Gedicht auf die Hochzeit Kurfürst Friedrichs IV. von der Pfalz mit Luise Juliana, der Tochter Wilhelms I. von Nassau-Oranien am 13. Juni 1593. Diese Hochzeit sollte die Allianz der beiden calvinistischen Mächte Kurpfalz und Niederlande enger knüpfen.[22]

DER VERLEGER

Der Herausgeber und Verleger des Kommentars über das alte Lupodunum, Gotthard Vögelin,[23] wurde als Sohn des Leipziger Verlegers Ernst Vögelin, der aus einem früh dem Luthertum zugeneigten Konstanzer Geschlecht stammte und die Druckerei Valentin Papsts, seines Schwiegervaters, übernommen hatte, 1572 in Leipzig geboren. Als sein Vater, der mit der melanchthonianischen, als kryptocalvinistisch verurteilten theologischen Richtung sympathisierte, 1576 Leipzig verließ, um in Heidelberg eine neue Wirkungsstätte zu finden, folgte ihm der Sohn erst nach längerer Zeit nach. Denn in der kurzen Zeit der lutherischen Reaktion unter Kurfürst Ludwig VI. fand der Vater nur schwer eine Arbeitsmöglichkeit, zumal in Neustadt an der Haardt bereits ein Drucker arbeitete. Dorthin gingen mit Johann Casimir, dem calvinistisch gesinnten Bruder Ludwigs VI., zahlreiche Gelehrte, um eine Art reformierte Gegenhochschule gegen das kurzfristig lutherisch gewordene Heidelberg zu gründen.

1592 studierte Gotthard, der sich 1581 zunächst in Leipzig immatrikuliert hatte, im wieder calvinistisch gewordenen Heidelberg Theologie, und setzte sein Studium 1595 in Basel fort. Unter Kurfürst Friedrich IV. wurde er 1598 zum kurpfälzischen Hofbuchdrucker ernannt und publizierte im eigenen Verlag zahlreiche Titel. Um 1600 gründete er eine eigene Buchhandlung in Heidelberg und fungierte als Messeeinkäufer für das gesamte pfälzische Gebiet. Zwischen 1606 und 1608 heiratete er die Frankfurter Bürgerstochter Magdalena Deublinger und betrieb bis 1613 in der Heimatstadt seiner Frau ein zweites Geschäft. 1618 besaß Gotthard Vögelin in Heidelberg ein eigenes geräumiges Haus mit Druckerwerkstatt in der Mitte zwischen Augustiner- und Heugasse auf der südlichen Seite des Kirchgässleins. Da Vögelin sehr viele gelehrthumanistische Werke verlegte, war die Nähe zur Universität geschäftlich für ihn von großem Vorteil. Der Heidelberger Druckerherr und Verleger stand treu zum calvinistischen Bekenntnis der Pfalz und weigerte sich nach der Schlacht am Weißen Berg 1620 entschieden, die Stadt zu verlassen, obgleich sich 1622 die Lage durch das Eingreifen des ligistischen katholischen Feldherrn Tilly für Heidelberg dramatisch zuspitzte. Bei der Einnahme der Stadt durch die Truppen Tillys im September 1622 wäre Vögelin, der sich bei der Verteidigung durch Tapferkeit ausgezeichnet hatte, beinahe erschlagen worden. Gleichwohl blieb er auch unter der katholischen Besatzung in der Stadt und siedelte erst am 24. September 1628 in die lutherische Reichsstadt Worms über. 1631 wird er letztmals genannt.

Nach dem Tod Marquard Frehers übernahm er dessen handschriftlichen Nachlaß und edierte selbst den Kommentar über Ladenburg und die *Mosella* sowie die Schrift *De rectoribus Christianis* des frühmittelalterlichen Autors Sedulius Scotus. Zwischen 1597 und 1623 produzierte Gotthard Vögelin insgesamt 516 Titel, also fast 20 pro Jahr, überwiegend antikes, humanistisches und theologisches Schrifttum in lateinischer, griechischer und deutscher Sprache, sowie zahlreiche Schulbücher für die pfälzischen Gelehrtenschulen.

Mit dem Verlagsort *Lubdunum* (Ladenburg) erschienen 1605/06 in Vögelins Verlag vier sichere und ein nicht sicher zuzuweisender Druck, darunter zwei Werke Marquard Frehers über das Münzwesen der alten Römer und des Heiligen Römischen Reiches (1605, Dyroff Nr. 500) und die Facetien des antiken Autors Hierocles (1605, Dyroff Nr. 501) weiter eines der bekanntesten - und elendesten - lateinischen Schulbücher, die *Catonis Disticha de moribus* mit dem Kommentar des Erasmus von Rotterdam (Dyroff Nr. 499). Außerdem verlegte er in Ladenburg ein Werk des pfälzischen Humanistendichters Petrus Denaisius (Dyroff Nr. 498) und möglicherweise ein *Missale Wormatiense* (Dyroff Nr. 502). Da für den letztgenannten Druck kein Standort mehr nachzuweisen ist, bleibt seine Existenz unsicher, zumal es sich um ein katholisches Meßbuch handeln würde, das sich in der Verlagsproduktion eines so prononciert protestantischen Verlagshauses wie dem Vögelins eher merkwürdig ausnimmt. Unklar ist auch, ob Vögelin in Ladenburg im Bischofshof eine eigene Druckerei unterhielt, oder ob er bei einem Lohnbuchdrucker arbeiten ließ und die Erzeugnisse dann in seinen Verlag übernahm.

Mit der postumen Publikation von Werken Marquard Frehers zu Ausonius' *Mosella* und *Lupodunum* hat sich Gotthard Vögelin jedenfalls um den Heidelberger Humanisten und die Geschichte Ladenburgs große Verdienste erworben.

Anmerkungen

[1] Dazu vgl. Ottavio Clavuot: Biondos >>Italia illustrata<< - Summe oder Neuschöpfung? Tübingen 1991.

[2] Grundlegend für den gesamten Zusammenhang: Ulrich Muhlack: Geschichtswissenschaft im Humanismus und in der Aufklärung. Die Vorgeschichte des Historismus. München 1991, hier S. 201.

[3] Vgl. dazu Ludwig Krapf: Germanenmythus und Reichsideologie. Frühhumanistische Rezeptionsweisen der taciteischen >>Germania<<. Tübingen 1979 (=Studien zur deutschen Literatur, 59).

[4] Vgl. dazu außer Ulrich Muhlack, wie Anm. 2, u. a. folgende Arbeiten: Jaques Ridé: Un grand projet patriotique: >Germania illustrata<. In: L'Humanisme Allemand (1480-1540). XVIIIe Colloque International de Tours. Paris 1979 (=Humanistische Bibliothek I, 38), S. 99-112; Frank L. Borchard: German antiquity in renaissance myth. Baltimore 1971, S. 106ff.

[5] Vgl. dazu immer noch: Emil v. Borries: Wimpfeling und Murner im Kampf um die ältere Geschichte des Elsasses. Heidelberg 1926 (=Schriften des Wissenschaftlichen Instituts der Elsaß-Lothringer im Reich).

[6] Über Aventinus vgl. besonders: Gerald Strauss: Historian in an age of Crisis. The Life and Work of Johannes Aventinus 1477-1534. Cambridge/Massachusetts 1963; Gerhard-Helmut Sitzmann (Hrsg.): Aventinus und seine Zeit 1477-1534. Abensberg 1977; Eberhard Dünninger: Johannes Aventinus. Leben und Werk des bayerischen Geschichtsschreibers. Rosenheim 1977; Hans Pörnbacher: Artikel 'Aventinus'. In: Walther Killy (Hrsg.): Literatur Lexikon. Autoren und Werke deutscher Sprache. Bd. 1. Gütersloh 1989, S. 263f. mit weiterer Literatur.

[7] Die ältere Literatur zu Beatus Rhenanus verzeichnet der umfangreiche Artikel von Beat von Scarpatetti. In: Peter G. Bietenholz u. a. (Hrsgg.): Contemporaries of Erasmus. A Biographical Register of the Renaissance and Reformation. Vol. 1, Toronto 1985, S. 104-109; ferner: John F. d' Amico: Theory and Practice in Renaissance Textual Criticism. Beatus Rhenanus between Conjecture and History. Berkeley, Los Angeles 1988; Ulrich Muhlack: Beatus Rhenanus (1485-1547). Vom Humanismus zur Philologie. In: Paul Gerhard Schmidt (Hrsg.): Humanismus im deutschen Südwesten. Biographische Profile. Sigmaringen 1993, S. 195-220 mit weiterer Literatur; zu seinen epigraphischen Sammlungen vgl. Franz Fuchs: Beatus Rhenanus als Inschriftensammler. In: Reinhard Stupperich (Hrsg.): Lebendige Antike. Rezeptionen der Antike in Politik, Kunst und Wissenschaft der Neuzeit. Kolloquium für Wolfgang Schiering. Mannheim 1996 (=Mannheimer Historische Forschungen, 6), S. 27-30; zu seiner Bibliothek neuerdings Gerhard Römer: Bücher Stifter Bibliotheken. Buchkultur zwischen Neckar und Bodensee. Stuttgart 1997, S. 94-105.

[8] Zu Peutingers Wirken vgl. die Monographie von Heinrich Lutz: Conrad Peutinger: Beiträge zu einer politischen Biographie. Augsburg o. J. (=Abhandlungen zur Geschichte der Stadt Augsburg, 12), S.125ff.

[9] Marcus Welser (1558-1614) war u. a. 1594 Bürgermeister von Augs-

burg. Er gab 1590 in Venedig heraus: *Inscriptiones Antiquae Augustae Vindelicorum*; die *Fragmenta Tabulae Antiquae, in quis aliquot per Romanas Provincias Itinera* publizierte er 1591 und sein Hauptwerk, die *Rerum Boicarum Libri Quinque* in Augsburg 1602. Eine Sammelausgabe seiner *Opera Historica et Philologica Sacra et Profana,* darunter auch die Fragmente der *Tabula Peutingeriana*, erschien in Nürnberg 1682.

[10] Vgl. zu ihm in jüngster Zeit Peter Walter: Johannes von Dalberg und der Humanismus. In: 1495. Kaiser, Reich, Reformen. Der Reichstag zu Worms. Ausstellung des Landeshauptarchivs Koblenz in Verbindung mit der Stadt Worms zum 500jährigen Jubiläum des Wormser Reichstags von 1495. Koblenz 1995, S.139-171, hier S. 151; Burkard Keilmann: Das Bistum vom Hochmittelalter bis zur Frühen Neuzeit. In: Friedhelm Jürgensmeier (Hrsg.): Das Bistum Worms. Von der Römerzeit bis zur Auflösung 1801. Würzburg 1997 (=Beiträge zur Mainzer Kirchengeschichte, 5), S. 148.

[11] Zu seiner Vita vgl. R. P. H. Green: The Works of Ausonius. Edited with Introduction and Commentary. Oxford 1991, S. xxiv-xxxii; jetzt kurz Wolf-Lüder Liebermann. In: Der Neue Pauly. Enzyklopädie der Antike. Bd. 2. Stuttgart 1997, Sp. 333-335 mit Literatur.

[12] Benutzt wurde die Ausgabe: Ausonii Burdigalensis viri consularis Omnia, quae adhuc in veteribus bibliothecis inveniri potuerunt Opera [...] per Eliam Vinetum Santonem, Iosephum Scaligerum & alios. Burdigalae 1603, S. 270.

[13] Vgl. zuletzt Hansjörg Probst: Der Ortsname Ladenburg und seine Aussagekraft für die Kontinuitätsfrage. In: Mannheimer Geschichtsblätter. Neue Folge 3 (1996), S. 57-67, hier S. 62f. Jetzt ders.: Kontinuität am unteren Neckar - Das Exempel Ladenburg. In der von Probst herausgegebenen Geschichte Ladenburgs (im Druck).

[14] Zur Vita Frehers vgl. u.a. in neuerer Zeit: Philipp Kautzmann: Marquard Freher. In: Mannheimer Geschichtsblätter 7 (1906), Sp. 71-75; Peter Fuchs: Artikel 'Freher, Marquard'. In: Neue Deutsche Biographie, Bd. 5 (1961), S. 392f.; ders.: Palatinatus illustratus. Die historische Forschung in der Kurpfälzischen Akademie der Wissenschaften. Mannheim 1963 (=Forschungen zur Geschichte Mannheims und der Pfalz, 1), S. 25-27; Dietrich Kornexl: Studien zu Marquard Freher (1560-1614). Leben, Werke und gelehrtengeschichtliche Bedeutung. Diss. Freiburg im Breisgau. Bamberg 1967; Volker Press: Calvinismus und Territorialstaat. Regierung und Zentralbehörden der Kurpfalz 1579-1619. Stuttgart 1970 (=Kieler historische Studien, 7), S. 465-469; Brigitte Schwan: Das juristische Schaffen Marquard Frehers (1565-1614). Speyer 1984 (= Veröffentlichung der Pfälzischen Gesellschaft der Wissenschaften in Speyer, 74), S. 6-25; Elmar Mittler (Hrsg.): Bibliotheca Palatina. Katalog zur Ausstellung vom 8. Juli bis 2. November 1986 Heiliggeistkirche Heidelberg. Heidelberg 1986, Bd.1, S. 146, S. 262f., S. 274f.; Wilhelm Kühlmann und Hermann Wiegand (Hrsgg.): Parnassus Palatinus. Humanistische Dichtung in Heidelberg und der alten Kurpfalz. Heidelberg 1989, S. 270f.

[15] Brigitte Schwan, wie Anm. 14.

[16] Kornexl, wie Anm. 14, S. 107-142.

[17] Vgl. zu ihm kurz Fuchs, wie Anm. 14, S. 23f. Eine modernisierende Bearbeitung seines Werkes erschien noch im neunzehnten Jahrhundert: Eduard von Bülow: Ein Fürstenspiegel. Denkwürdigkeiten des Pfalzgrafen-Kurfürsten Friedrich II. beim Rhein. Nach der lateinischen Urschrift und alten deutschen Übersetzung. 2 Bde. Breslau 1849; neuerdings vgl. Gilbert Tournoy: Humanistische Historiographie in Heidelberg: Hubertus Thomas Leodius. In: Heidelberger Jahrbücher 38 (1994), S. 201-214.

[18] Zu ihm vgl. jetzt: Wilhelm Kühlmann, Robert Seidel und Hermann Wiegand (Hrsgg.): Humanistische Lyrik des 16. Jahrhunderts. Frankfurt am Main 1997 (=Bibliothek der Frühen Neuzeit, 5), S. 753-861 sowie S. 1395-1483.

[19] Vgl. dazu Arnold Scheuerbrandt: Die Kraichgaurede des David Chytraeus aus dem Jahre 1558. Bemerkungen zur frühesten landeskundlichen Beschreibung des Kraichgaus und zum Wandel der Auffassung von seinen Grenzen. In: Karl-Heinz Glaser/Hanno Lietz/Stefan Rhein (Hrsgg.): David und Nathan Chytraeus. Humanismus im konfessionellen Zeitalter. Ubstadt-Weiher 1993, S. 129-145.

[20] Zitiert nach Kornexl, wie Anm. 14, S.65, Anm. 160.

[21] So etwa die große Sammlung von Simon Schard: Historicum Opus in quatuor tomos divisum. 4 Bde. Basel 1574. Vgl. dazu Frank Hieronymus: 1488 Petri 1988 Schwabe. Eine traditionsreiche Basler Offizin im Spiegel ihrer frühen Drucke. Bd. 2. Basel 1997, Nr. 533, S. 1490-1499. Diese Sammlung wurde nach dem Tod Schards von dem Heidelberger Juristen Nikolaus Kistner herausgegeben.

[22] Eine Auswahl der Gedichte Frehers mit deutscher Übertragung und Kommentar findet sich in: Kühlmann/Wiegand, wie Anm. 14, S. 156-169; zwei Gedichte auch bei Harry C. Schnur: Lateinische Gedichte deutscher Humanisten. Stuttgart. 2. Aufl. 1978 (Reclam Nr. 8739), S. 160f.

[23] Über ihn vgl. die umfassende Arbeit von Hans Dieter Dyroff: GOTTHARD VÖGELIN - Verleger, Drucker, Buchhändler 1597-1631. In: Archiv für Geschichte des Buchwesens 4, Frankfurt am Main 1963, S. 1129-1423; zu seiner Tätigkeit in Ladenburg vgl. Maximilian Huffschmid: Die Buchdruckerei von Gotthard Vögelin in Ladenburg. In: Mannheimer Geschichtsblätter 6 (1905), Sp. 159-161.

EDITORISCHER NACHBERICHT

Marquard Frehers *Commentariolus* über das alte Ladenburg konnte zu Lebzeiten seines Verfassers nicht publiziert werden. Der in Heidelberg und Ladenburg tätige Verleger Gotthard Vögelin nahm sich nicht nur anderer Manuskripte des Polyhistors an, sondern auch der Untersuchung über das alte Ladenburg. Offensichtlich hatte Freher nicht letzte Hand an das Manuskript legen können. Der Stil des Werkes ist nicht nur ausladend 'barock', oft merkt man zudem den langen Perioden des lateinisch verfaßten Werkes an, daß ihnen die letzte Feile fehlt. Unklar muß dabei bleiben, ob die Druckfehler auf Autorirrtümer oder Satzfehler des Setzers zurückgehen. Offensichtliche Fehler des Originals wurden in den Anmerkungen notiert oder in der Übersetzung stillschweigend korrigiert. Allerdings war hier angesichts der Überlieferungslage Zurückhaltung geboten. Als noch 'barocker' stellt sich das Latein in der Vorrede Vögelins dar. Man sieht deutlich, daß es von einem zwar akademisch gebildeten, im Lateinschreiben aber nicht sonderlich geübten Verfasser herrührt. Es konnte nicht Aufgabe des Übersetzers sein, hier glättend aus dem etwas schwerfälligen Latein Vögelins ein 'gefälliges' Deutsch zu machen; damit wäre die Schwierigkeit des Originals unzulässig vertuscht worden.

Um dem im Lateinischen ungeübten Leser die Orientierung zu erleichtern, wurde in der Übersetzung am Ende jeder Seite in Schrägstrichen die Seitenzahl des Originals angegeben.

Die Urkunden im Anhang von Frehers Abhandlung sind in modernen Ausgaben gedruckt und übersetzt. Es erschien daher überflüssig, sie ganz wiederzugeben. Freilich wurde dem Anliegen Frehers, dem es ja vor allem um die verschiedenen Formen des Namens Ladenburg ging, dadurch Rechnung getragen, daß der Inhalt in Kurzregesten wiedergegeben wird. Herausgehoben werden dabei alle Schreibungen des Stadtnamens Ladenburg.

Der Übersetzer hofft, mit seiner Arbeit den weithin bekannten Text Marquard Frehers über das alte Ladenburg den historisch interessierten Ladenburgern und Kurpfälzern erschlossen und damit das

Vermächtnis Vögelins erfüllt zu haben. Gerade im Jahr der 1900-Jahr-Feier Ladenburgs sollte an den Mann und sein Werk erinnert werden, dem es gelang, das *Lupodunum* des Ausonius mit dem heutigen Ladenburg zu identifizieren. Dieses Ergebnis seiner scharfsinnigen Forschungen hat ja bis heute Bestand.

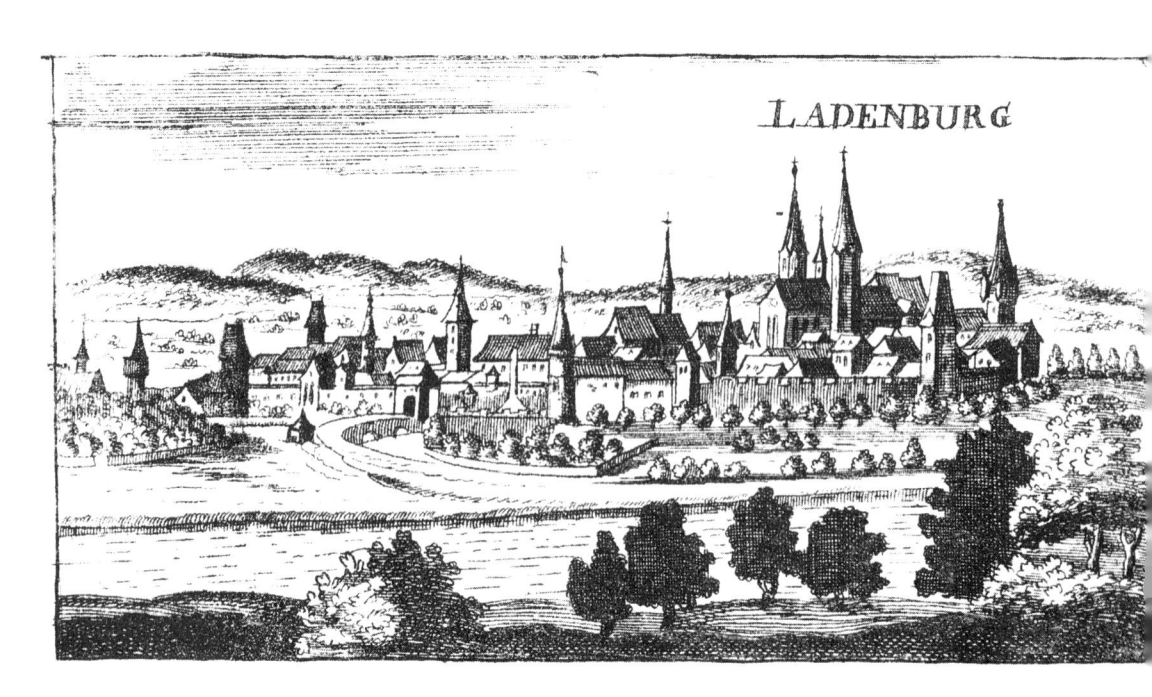

Ladenburg um 1690, Kupferstich von Riegel (Vorlage: Stadtarchiv Ladenburg)

NACHWORT DER HERAUSGEBER

Wer sich intensiv mit der Geschichte der Stadt Ladenburg und ihren Ursprüngen beschäftigt, stößt zwangsläufig auf die grundlegende Darstellung „De LVPODVNO" des großen kurpfälzischen Historikers und Humanisten Marquard Freher aus dem Jahre 1618. Auch wenn die (stadt-)historische Forschung, die bis heute weitgehend auf diesen Ergebnissen aufbaut, Frehers Wirken und Werk entsprechend gewürdigt hat, so blieb der lateinische Originaltext, der die besondere Qualität der wissenschaftlich akribischen Arbeitsweise Frehers widerspiegelt, bis heute nur wenigen Spezialisten vertraut, da eine deutsche Übersetzung nicht vorlag.

Aus Anlaß des 1900jährigen Jubiläums von Ladenburg entschlossen sich deshalb das Kreisarchiv und das Referat für Öffentlichkeitsarbeit des Rhein-Neckar-Kreises zusammen mit dem Stadtarchiv Ladenburg, eine zweisprachige Ausgabe des 1618 postum von Gotthard Vögelin in Heidelberg gedruckten Werks herauszugeben. Damit soll zum einen ein wichtiges Zeugnis zur Geschichte Ladenburgs präsentiert und kommentiert werden, denn Marquard Freher gebührt das Verdienst, den von Ausonius in seiner „MOSELLA" erwähnten Ort „Lupodunum" mit Ladenburg identifiziert zu haben. Zum anderen soll aber auch mit „De LVPODVNO" ein wesentlicher Baustein der kurpfälzischen Geschichtsschreibung aus dem frühen 17. Jahrhundert, die durch die Arbeiten Marquard Frehers über die „ORIGINES PALATINAE" ihre entscheidenden Impulse erfahren hat, 'geborgen' werden. Dies belegt beispielhaft auch die nach den Angaben Frehers gestochene Karte, die in seiner Abhandlung über Ladenburg 1618 veröffentlicht wurde und die diesem Buch beigegeben ist. Denn auf ihr sind einige Orte der Region zum ersten Mal überhaupt kartographisch erfaßt. Aus mehreren Gründen erscheint deshalb der Nachdruck und die Übersetzung von „De LVPODVNO" als gemeinsame Buchausgabe der Stadt Ladenburg und des Rhein-Neckar-Kreises innerhalb der historischen Schriftenreihe „Bausteine zur Kreisgeschichte". Hierfür schulden wir Herrn Bürgermeister Rolf Reble und Herrn Landrat Dr. Jürgen Schütz, die diese 'bibliophile' Kooperation von Anfang an gefördert haben, großen Dank.

In der vorliegenden Publikation wird der von Gotthard Vögelin aus dem Nachlaß Frehers herausgegebene lateinische Originaltext, der heute nur noch in wenigen Bibliotheken überliefert ist, vollständig als Nachdruck wiedergegeben. Um den Reiz des bibliophil ansprechenden Bändchens der Nachwelt am besten vermitteln zu können, wurde für die Buchausgabe ein spezielles Werkdruckpapier verwendet, das dem Nachdruck der Ausgabe von 1618 die größtmögliche Authentizität verleihen soll.

Das Buchprojekt konnte indessen jedoch nur realisiert werden, weil mit Dr. Hermann Wiegand ein Bearbeiter zur Verfügung stand, der den Text Frehers in kongenialer Weise übersetzt und erläutert hat. In seinem „Editorischen Nachbericht" verweist er auf die Problematik des mittlerweile 380 Jahre alten Textes , der zudem einige Druckfehler aufweist. Dr. Wiegand ist es aber gelungen, das lateinische Original in eine adäquate deutsche Form zu übertragen, welche die Lektüre der Übersetzung und des Kommentars gleichermaßen zu einem Vergnügen und einer spannenden Angelegenheit macht. Denn mit philologischer und historischer Sorgfalt geht er allen Belegstellen von Frehers Beweisführung nach, überprüft diese und liefert damit einen profunden wissenschaftsgeschichtlichen Beitrag zur methodischen Arbeitsweise Frehers, die in dieser Form bislang nicht bekannt war. Diese beeindruckende Leistung verdient deshalb um so mehr Respekt, als es ihm dadurch gelingt, den Humanisten Marquard Freher als Anwalt des antiken Ladenburg und der Kurpfalz 'lebendig' werden zu lassen. Für sein großes Engagement und die exzellente Zusammenarbeit, die in weiteren gemeinsamen Projekten ihre Fortsetzung finden wird, sind ihm die Herausgeber zu tiefem Dank verpflichtet.

Daneben schulden wir Herrn Dr. Veit Probst von der Universitätsbibliothek Heidelberg und Herrn Dr. Wolfgang Schibel von der Universitätsbibliothek Mannheim, die das Entstehen des Buchs wohlwollend unterstützt haben, besonderen Dank. Dr. Probst ermöglichte den Nachdruck der Originalausgabe von 1618 und stellte ebenso aus dem Heidelberger Bibliotheksbestand weitere Abbildungen zur Verfügung. Dies gilt auch für Dr. Schibel, der uns zusätzliche Vorlagen aus den Mannheimer Beständen überließ.

Für diese großzügige 'kurpfälzische' Kooperation sagen wir herzlichen Dank.

Ebenso danken wir Herrn Michael Claren, Frau Ursel Deck und Herrn Dr. Joachim Huber, die beim Korrekturlesen mithalfen, sowie Herrn Claus Dohm für seine Unterstützung.

Gleichfalls danken wir Herrn Adolf Friedberger (M+M Druck GmbH, Mannheim), dem mit seiner ganzen Erfahrung ein wesentlicher Anteil an der gekonnten drucktechnischen Umsetzung des Buchprojektes zukommt.

Zuletzt gilt unser ausdrücklicher Dank einem mittlerweile bestens eingespielten 'Buchteam', das die Redaktion in allen Arbeitsschritten unterstützte und entlastete. Zu nennen sind hier Dorothea Berlinghof, die einen Teil der Fotoreproduktionen herstellte, sowie Willi Grauer, Regine Kaschura, Joachim Stephan M.A. und Reinhild Sutter, die nicht nur bei den Korrekturen hilfreich zur Seite standen. Und schließlich danken wir besonders Susanne Uhrig, die für den Satz und das Layout verantwortlich zeichnet. Sie hat wesentlich zum Gelingen des Buches beigetragen.

Ladenburg/Heidelberg, im April 1998

Hildegard Kneis	Jörg Kreutz	Berno Müller

ÜBER DEN BEARBEITER

Dr. Hermann Wiegand, geboren am 1. Januar 1951 in Heidelberg, besuchte das humanistische Kurfürst-Friedrich-Gymnasium ebenda und studierte klassische Philologie, Geschichte, Germanistik sowie mittel- und neulateinische Philologie. 1975/77 legte er das erste und zweite Staatsexamen für das Lehramt an Gymnasien ab. Seither ist er im höheren Schuldienst des Landes Baden-Württemberg tätig, 1996 wurde er zum Leiter des humanistischen Karl-Friedrich-Gymnasiums in Mannheim bestellt; 1982/83 promovierte er in neulateinischer Philologie in Heidelberg mit einer Arbeit über die lateinische Reisedichtung des 16. Jahrhunderts im deutschen Kulturraum, seit 1987 ist er ständiger Lehrbeauftragter der Universität Heidelberg für lateinische und deutsche Literatur der Frühen Neuzeit; Hermann Wiegand wurde zum stellvertretenden Vorsitzenden der Gesellschaft der Freunde Mannheims, des Mannheimer Altertumsvereins von 1859, gewählt und 1991 zum Mitglied des Exekutivkomitees der International Association für Neo-Latin-Studies. Er veröffentlichte mehrere Bücher sowie zahlreiche Aufsätze und Lexikonartikel besonders zur neulateinischen Dichtung, zur Geistesgeschichte der Kurpfalz in der Frühen Neuzeit und zur kurpfälzischen Mundartdichtung.